ぶっ壊す力

ＮＨＫから国民を守る党 党首

立花孝志

本当のことを言う人間が評価される時代がやってきた！

みなさん喜んでください。

インターネットの普及により、**嫌われることを承知でやれる時代**がやってきました。

昔は野球がしたければ、学校や職場、町内会の野球チームに参加するしかありませんでした。

そのため、所属しているグループ内で嫌われないように、無難に過ごすことが求められてきたのです。

そのグループで嫌われたら、大好きな野球ができなくなってしまうからです。

しかもこれがマイナーな競技なら、チームを作るだけでも一苦労なわけで、競技をするために、**嫌なことにも我慢して、チームに居場所を作る**しかなかったのです。

結果、仲間と接するときも、仲間の顔色を伺いながら、「この人には、どういう態度や受け答えをするのが正解なのか」ということを考え、常に忖度《そんたく》している自分がいたわけです。

職場であれば、「部長の考えはこうだからこう答えよう」「課長の考えはこうだからこう答えよう」と、自分の考えではなく相手が賛同してくれるであろう答えをあらかじめ想定し、受け答えしている嘘つきな自分がいたのです。

へたをすると同じ内容でも相手によって自分の答えが180度違うなんてこともあったかもしれません。

こんな状況で野球や仕事をしても、本当に楽しいでしょうか？

嘘の自分を好きになってもらっても、意味がないと思いませんか？

しかしいまは、インターネットという誰もが自由に使える**魔法のツール**があります。

これを使えば、**自分の趣味と合う人を簡単に見つけることができる時代**になったのです。

着飾った嘘の自分ではなく、本当のありのままの自分のことを好きだと言ってくれる人とだけ友だち関係になればいいのです。

その方が楽しいに決まっています。

クリケットのようなマイナーな競技だって、インターネットがあればメンバーを集めてチームを作ることができるのです。


実は、**僕は政治の世界で、これと同じことをやろうとしています。**

人から嫌われてもいいから、本当のことを言う。


たったこれだけです。

しかし、**これこそがまさに『革命』**なのです。

いまはストレートな発言をする人が評価される時代だと、僕は信じているのです。

僕の動画を見たことがない人は『N国党の立花孝志』の名前を聞いても、**注目されたいバカが、無謀なことを言って騒いでやがる、**という印象でしかないかもしれません。

しかし僕を知ってくれている人は、ただ闇雲に世間を騒がせ、炎上させているだけの人間でないことを理解してくれています。

嘘の自分ではなく、ありのままの自分をさらけ出して言葉にしているということが伝わっているからです。

だからと言って、すべての人が理解してくれているとは思っていませんし、無理にわかってもらおうとも思っていません。

仕事でもプライベートでも、素のままの僕を見て共感してくれる人とだけ付き合えばいいだけなんです。

みなさんも、**自然体の自分を好きだと言ってくれる人とだけ、友だち関係になればいい**のです。その方が絶対に楽しいはずです！

もちろん忖度《そんたく》しない世の中にも、成功する人と、そうでない人がいます。

いったい、両者の間にはどのような違いがあるのでしょうか？

生まれ持った才能や環境？　いや、それよりもはるかに重要で決定的な違いがあります。

それは、自分自身を客観的に観察することで、自分自身を上手にコントロールし、正しい評価や判断をすることが、できるかどうかということです。

成功を手に入れたければ、ただがむしゃらに突き進むだけではダメです。

野球にしても、何の戦略もなしに試合に臨んでも、負けるのは目に見えています。

成功するためには、自分の長所と短所をしっかり理解した上で戦略を練ることが重要になるのです。

僕は周囲から見たら、イケイケドンドンのイメージかもしれませんが、実は慎重派だと自分では思っています。

ＮＨＫに勤めていたときは、経理担当だったこともあり、数字とにらめっこしながらエクセルを使いこなし、長期的な戦略を練っていました。

船橋市議会議員から立候補したときも、全国の市区町村の有権者数や定数などのデータを数値化し、どこから出馬した方が当選する確率が一番高くなるのかという分析も行っていました。

結果、船橋市が49万人の有権者数に対し定数が50議席、最低当選ラインが2000票ということで、船橋市の市議会議員に立候補することを決めたのです。

もしかしたらみなさんが思い描いている〝立花孝志〟という人物像も、僕が作り出した戦略なのかもしれません。

本書では、僕のキャッチフレーズでもある〝**ぶっ壊す力**〟について、7つの章にまとめてみました。

魂を込めた、**渾身《こんしん》の一撃に仕上がっている**と思います。

これから「お金を稼いで成功者になりたい」、「家族や部下など多くの人を守りたい」、「学校や職場でリーダーになりたい」といった人たちに最適な一冊です。

将来的には、もっといろいろな〝立花孝志〟が派生するかもしれませんが、僕自身も改めて自分というものと向き合うきっかけになりました。

『人間・立花孝志の生き方』のすべてがここに詰まっています。

必ずやみなさんのお役に立てるものと信じています。

第1章　破壊力

破壊力とは、まさにスクラップアンドスクラップ。新しく何かを作るときには、古くなった既存のものを壊すしかありません。

いまの政治には閉塞感があり、世の中は政党や政治家に対して物足りなさを感じています。そんなときこそ、破壊する力が求められるのです。

これは、過去の歴史が物語っています。

2001年、自由民主党総裁選挙での小泉純一郎氏による「自民党をぶっ壊す」2011年、大阪市長選での橋下徹氏による「大阪市役所をぶっ壊す」などです。そしてそのDNAは、途絶えることなく、僕の体の中にも脈々と受け継がれていると感じています。

第2章　影響力

僕はNHKに約20年も勤めていたため、映像の配信はテレビ業界の専売特許だと思っていました。

その間違いに気づいたのが、2010年の〝sengoku38〟によるYouTubeへの『尖閣諸島中国漁船衝突映像流出事件』でした。

YouTubeから配信された映像が、世の中に強烈な衝撃を与えたのです。

僕はこのときのことが忘れられず、２０１２年にYouTuberになることを決め、『立花孝志ひとり放送局』を立ち上げることにしたのです。

第3章　説得力

破天荒でバカげた人間が、目立ちたいだけで行動しても、危険な人だけで終わってしまいます。

僕に説得力があるのは、約20年間ＮＨＫで経理や会長秘書を担当していた背景と内部告発後の社内いじめで統合失調症と躁うつ病になった経験があるからです。

そして、YouTubeという映像を使った配信をしているからなのです。

映像は画面から直接伝わるため、言葉や文字とは違う説得力が生まれるのです。

第4章　戦略力

船橋市議会議員を辞めて東京都知事選に出馬したときは、周囲の誰もが僕のことをアホだと思っていました。

しかし3年後の参院選で僕が当選する姿を見て、ようやく彼らも僕の戦略に気づいた様子でした。東京都知事選の出馬は、すべて3年後の布石だったわけです。

僕は常に10年後や20年後の先を見て戦っているのです。

第5章　人心掌握力

成功している人とたくさん会って、コミュニケーションを増やすことが重要です。

逆に**愚痴を言う人たちとは、絶対に付き合わないでください**。

僕が知る限り、マイナス的なことを言う人に成功者はいません。

このような人たちとは付き合わないことが重要です。

大切なのは、数より質なのです。

第6章　統率力

これからの時代、**統率力で必要となるのが『面白ければいいじゃん』という考え方**だと思います。

その代わり、部下が失敗しても切り捨てないで、徹底的に守ってあげてください。政治の世界では、内輪の人間を守ると、一時的に支持率は下がるかもしれませんが、失敗してもいいと言っておきながら、いざ失敗すると守ってあげないのはおかしいと僕は思っています。**人は財産**なのです。

第7章　革命力

いま投票箱に入っている半数以上は、高齢者が投票した票です。

この票をとりに行くことは、即効性はありますが、槍で戦場に向かうのと同じで勝ち目はありません。

僕たちが狙うのは、これから何十回と投票に行くであろう、いま小中学生の若い世代なのです。

インターネットは鉄砲であり、そのうち時代がN国党に追いついてくると思います。

NHKから国民を守る党 党首　**立花 孝志**

目次

第3章

説得力

第4章

戦略力

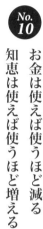

第4章

戦略力

第5章

人心掌握力

第6章

統率力

第7章

革命力

第１章

破壊力

２００１年、自由民主党総裁選挙
での小泉純一郎氏による
「自民党をぶっ壊す」
２０１１年、大阪市長選での
橋下徹氏による
「大阪市役所をぶっ壊す」
そのＤＮＡは途絶えることなく
僕の体の中にも確実に
受け継がれているのです。

「インターネットでクリケットのチームも作れる時代」

NO. 01

喜んでください！
これからは『正直者が得をする時代』です。
学校や職場、地域などで嫌われると生きていけなかった時代から
インターネットの登場により、世界中から仲間を集められる
時代になったのです。
〝嫌われても生きていける時代〟の幕開けであり、これこそが
『インターネットの発明』とも言うべき〝新しい生き方〟なのです。

学校で友だちのA君とB君が喧嘩をしていたとします。そこで、A君の言い分に同意してB君を悪者にすれば、A君からは好かれるでしょう。

逆にB君からの話に同意すれば、B君から好かれるはずです。

このように、**それぞれの味方をすれば双方から好意を持たれる**ということを、子供たちは自然に学習していきます。

つまり、**対立する人たちがいたら、それぞれの良いところに同意して、相手に評価される生き方**。これが俗にいう〝大人になる〟、〝世渡り上手になる〟秘訣ではあるのですが、僕はこれを否定しているのです。

破壊力の第一歩は、イソップ寓話で例えると『卑怯なコウモリになるな!』ということです。

イソップ寓話のコウモリのように、双方にいい顔をしていると結果的には信頼を得ることができずどちらからも追い払われてしまいます。人間で言うと、優柔不断であいまいな奴というレッテルを貼られてしまうのと同じです。

本当のことを言うと嫌われるからと、本音を隠した嘘で固めた自分を評価してもらっても、うわべだけの付き合いで終わるに決まっています。

相手が仲間だと思って近づいてきても、自分は相手に対して100%の同意をしていないため、相手のことを重荷に感じるようになるのです。

だから僕は、相手の良いところやダメなところは、気づいた時点でハッキリと言うようにしています。

自分に正直に生きて嫌われるのなら仕方ないと割り切るのです。世の中には実に多様な人間がいるわけで、自分と合わない人のほうが多いと思っていたほうが楽かもしれません。

学校や職場の人たちを、『気の合う人』と『気の合わない人』に無理やり仕分けてみると、『気の合わない人』の方が圧倒的に多かったなんて普通のことです。

多くの人は、その『気の合わない人』と関わらないといけない環境の中、嫌われないようにその人に合わせて自分に嘘をつく癖がついてしまっているのです。

もちろんこれには、地域のコミュニティで嫌われると生きていけなかったという時代背景があるとは思いますが、**インターネットの出現によってついに『正直に生きることができる時代』がやって来た**のです！

マイナー競技のクリケットのメンバーやその対戦相手もインターネットがあれば集められるようになりました。まさに『**インターネットの革命**』なのです。

正直に生きていると、仲間の数はどんどん減っていきます。

その代わり、強い絆で結ばれた仲間は確実に増えていきます。

子供が小学校に入学するとき、「お友だちをいっぱい作りなさいね」と言い聞かせることで、『周りから嫌われるのはダメ』という生き方を知らないうちに教えている親が多いのではないでしょうか。

『友だちを100人作って、楽しいことをやりたい』という歌もあるように、友だちは多いほど楽しいと、知らず知らずのうちに教えてきたのです。

でも僕は、〝**友だちは数ではなく質**〟だと読者のみなさんにお伝えしたいのです。

僕は事実、そういう生き方をしています。

100人中、90人に嫌われない生き方をするよりも、たとえ90人から嫌われようと、残りの10人中たった1人でもいいから、**駆け引きのない、嘘なしで話し合える真の仲間を作ることの方が、インターネットの時代では重要になる**のです。

もしかしたら僕のことを好きになってくれる人なんて、100人だとゼロかもしれませんが、インターネットで繋がれる膨大な人数の中から探せば、クリケットのチームが作れるくらいの人数はあっという間に集まるかもしれないじゃないですか。

インターネットは、嫌われることを恐れなくてもいい『時代の賜物』と言えます。

僕は、〝ありのままの自分で生きても幸せを感じることができる〟発明がされたと思っています。

〝嫌われる怖さ〟から、素の自分を出せない人はたくさんいらっしゃるとは思いますが、〝嫌われることで成功する〟ことを実践している僕の言葉を信じてください。

中には、わざわざ選挙会場にまで足を運んで、僕の名前を書いてくれるほど、ものすごく好きになってくれる人もいらっしゃいます。

要するに、**ものすごく好きになってもらうということは、相当数に嫌われることとイコール**なのです。

極端な話、僕を嫌う人が好きでいてくれる人の10倍や100倍、それ以上いたとしても、たった1人の人に好きになってもらえるだけで生きていける時代になったというこことです。

多数の人に嫌われることを恐れて生きていくよりも、ごくごく少数の賛同者と真の仲間になる生き方が、これからの主流になると僕は信じています。

「バカほど目先の結果にこだわる」

NO. 02

一時的な支持率の低下は全く気にしていません。いまやるべきことは、『党勢拡大』。これ以外にないのです。そのためにできることを僕はやっているのです。誰だって人に嫌われたら、気分が悪くなるのは当たり前。しかし賢い人は、長期的な視点で物事を判断しているからこそ、その壁を乗り越えることができるのです。

不可能だと誰もが決めつけていることに、挑戦するのはとても勇気がいります。ライト兄弟が飛行機に挑戦したときも、「機械が空を飛ぶわけがない」と、散々バカにされ、異端児として人から嫌われていたそうです。

大きな発明ほど、〝目先の結果にこだわる〟バカな人たちから、言いたい放題言われてしまうんですよ。

地動説を主張したコペルニクスやリンゴが地面に落ちることに疑問を持ったニュートンなど、偉大な功績を残した歴史上の人物がそれを物語っています。

世の中で好かれる人とは、簡単に言えば何もしない、当たり障りのない人だと僕は思っています。新しい何かを生み出すときには、声を上げてそれを伝えないといけない。でもそこには必ず反対をする人が出てきます。だから『改革』が必要になるのです。

要するに、**反対派があるから改革をする**わけです。

何もしないということは、今まで通りでOKということですから、嫌われることがない分、誰とも強く結び付くこともない。さして毒にも薬にもならない人生を送ることになるわけです。

人生は選択の連続です。例えば、1500円でサイコロを1回振れる代わりに、6の目が出たら1万円を貰えるゲームに一万回参加できる権利と、何もしないで10万円を貰える権利があったとしたら、あなたならどちらの権利を選びますか?

僕ならゲームに参加して、一万回チャレンジする方を選びます。

参加費に1500万円も必要になりますが、6の目が出る確率は1/6なわけで、一万回振れば単純計算で１６６６万円も稼げ、１６６万円も得するわけです。10回や20回と違い、一万回も振れば出目の確率も１／６に近づくはずです。賢い人は、10万円を貰った方が得か、ゲームに参加した方が得か、立ち止まり、計算して考えることができるのです。もしもこのゲームが、参加費２０００円なら10万円を貰った方が得だとわかるのです。

何も考えず、目先の10万円に飛びつく人間のことをバカだと言っているのです。

このように、**目先の損得ではなく、短期目標、中期目標、長期目標を設定し、ロングスパンで物事を考えることは非常に重要**です。

短期目標というのは、「次の市議会選挙は……」のように、短期間で結果が出るものです。当然ですが、短期目標を成功させることで、次への自信へと繋がります。

何も思い浮かばなければ、『まずはお金を稼ぐ！』でもいいと思います。

長期目標を『アーティストになる』と設定したら、そのためにアルバイトでお金を稼ぐことを短期目標にすれば、もしも長期目標の成功が5年から10年先へずれこんだとしても食べることには困らないわけです。

ここで注意したいことは、**『長期目標には期限を設けない』こと**です。期限を設けると、どうしても心理的に焦りが生じて、それが失敗に繋がりかねません。

能力の低い人ほど、失敗すると焦りからさらに努力しようとします。

反対に、**超一流の人たちは結果が出ない時ほど『努力せずに待つ』**のです。徳川家康のように、じっと「鳴くまで待つ」わけです。

僕はＮＨＫを辞めてから約６年間、パチプロをしながら建設中のスカイツリーの完成を横目で眺めていました。まさに時が熟すのをじっと待っていたのです。

多くの人は病気になることを嫌がりますが、僕は風邪などの軽度な病気なら逆に歓迎します。**病気は、神様から与えられた休息時間**だと解釈しているからです。

『立花君、少しゆっくり休みなさい』と、言われている気がするのです。

そう考えると、スーッと心が楽になって穏やかな気持ちになれるんですよ。

世の中には〝待つ〟という戦略もあるのです。

そして、**〝待つ〟という戦略を立てることができる人は強い**と思います。

いまの僕も徳川家康の気分で、この戦略の真っ只中です。

正直、やることがなくて、退屈で困っています（笑）。

だって、これ以上は炎上させる必要も、急ぐ必要もないわけで、いまは木の手入れをしながら実が熟するのを静かに待っている状態です。

〝ヘボ将棋王より飛車をかわいがり〟という有名な将棋川柳があります。

将棋は〝王将〟の駒を取られたら負けですが、相手を攻めたい一心で攻撃力の高い〝飛車〟に執着するあまり、肝心の〝王将〟を取られて敗戦してしまうということです。

そんなバカな話が？　と笑うかもしれませんが、これが〝王将〟ではなく、一番攻撃力が弱いとされる〝歩〟だったらどうですか？　多くの人は〝歩〟よりも〝飛車〟を取られないことを第一優先に考えるじゃないですか。しかし人工知能であるＡＩは、〝飛車〟も〝歩〟も駒はあくまでも駒として、同等にしか見ないそうです。

つまり、そのときどきの状況に応じて、相手の〝王将〟を取るという一番の目標のためには、いまは〝飛車〟よりも〝歩〟を重要視せよという選択ができるというわけです。

大切なのは、**長期的な目標は不変であること**。**戦略は変えないということ**です。

その代わり、**戦術は、そのときどきに応じて変化させていけばいい**のです。

「閉塞感を壊すのはスクラップアンドスクラップ」

NO. 03

僕の役割は、ある意味スクラップすることです。
簡単に言えば、僕は解体担当の解体業者なんです。
古いものをぶっ壊して更地にし、閉塞感からの脱却を目指す！
ビルドするのは、建設会社に任せればいいと思っています。
ですから公約を果たしたら、僕は政治家を辞めます。
ここに長く居座る気はありません。

僕の場合は、**スクラップアンドビルドではなく、スクラップアンドスクラップ**です。「壊した後、どうするんですか？」と、本当に多くの人から質問されますが、「そんなの知るかい！」というのが正直なところです。

地震が起きたら崩壊してもおかしくないような老朽化したビルを放置しておくより、ぶっ壊して更地にした方がいいに決まっています。

次に作るものが決まっていないのに壊してしまうのと、決まっていないからと危険なビルを放置したままにするのとではどちらがいいですか？　答えは明らかです。**次に何をするのか決まっていなくても、今あるものがおかしいんだったら、つぶしてしまえばいい**のです。

更地になれば、駐車場に使いたいとか、緑地がないから公園にしたいとか、いろいろな発想が生まれるじゃないですか。

もしかしたら新しいマンションを建てたくて、更地を探している建設会社があるかもしれない。

僕はつぶすのが役割であって、建てるのは別の人、別の党がやればいいと思っています。

僕は、**既得権益者が権力に長く居座り続けていると、国が衰退**してしまい、危険だと思っています。

既得権益は、簡単に言うと、権力者にお願いしてお金や仕事を提供してもらい、代わりに権力者に組織票を与えることです。

既得権益者にとって既得権益がなくなることは、仕事や契約がなくなってしまうことと同じなのです。

ですから、既得権益をスクラップしようとすると、人の恨みも買いますし、大きな反対にあうのは、当然と言えば当然のことなんですよ。

スクラップする人はプロレスでいうとヒール、いわゆる悪役で、これが今の僕。ビルドする人は新しいものを作る役割ですから、いわゆるヒーローというわけです。

既得権益があるということは、同時に閉塞感もあるということなんです。

既得権益者同士が手を組んでおいしい思いをしていれば、そこからこぼれ落ちた人たちに閉塞感があるのは当たり前なわけで、**閉塞感があるということは、みんなもどこかがおかしいと感じている証拠**なのです。

投票に行かない人が多いのも、いまの政治や政党に閉塞感を抱いているからでしょう。

投票に行きたくても、「自民党はちょっとな……」「民主党……も変わらないよな」と、心のどこかでそう感じているから、関心がなくなり放置状態になるのです。

そして、どんどん衰退していくのです。

僕は何度でも言いますよ。

閉塞感をなくすには、スクラップ！　そう、破壊するしかないのです！

もちろん『破壊』ばかりを世の中が求めだしたら、危険な部分も出てきます。老朽化したビルを見つけたら、何でもかんでもぶっ壊して更地にすればいいというわけではありません。

修繕の余地があるのかないのか、思慮に思慮を重ねて検討する必要はあります。

しかし古今東西、**権力は長く居座り続けるといずれ腐敗してしまう**もの。

そうなる前に、新たな権力が古い権力を一刻も早くぶっ壊し、**権力の新陳代謝を行っていかなくてはいけません。**

新しい権力が生まれないと、古い権力があぐらをかいて居座り続けるのです。

明治政府を誕生させるには、江戸幕府を倒幕するしかなかったのと同じです。

みなさんの中には、N国党が躍進すればするほど、当のN国党が既得権益者になってしまうのでは？　という意見もあると思いますが、僕はそれを否定しません。

仕方がないことだと思っています。

ぶっ壊していた者たちが、今度はぶっ壊される側になるのはあり得る話で、まさに権力の新陳代謝です。

こうして**新陳代謝を繰り返していかないと国は腐敗してしまう**のですから。

誰かが声を上げて、国の発展のため、そして国民のために新陳代謝を行う勇気が必要ということなんです。

今はそれが僕だと思っています。

意を共にする仲間は多ければ多いほどいいでしょうが、たとえ一人でも全く怖くありません。

第2章

影響力

2010年、〝sengoku38〟による
YouTubeへの
『尖閣諸島中国漁船衝突映像流出
事件』に強烈な衝撃を受けました。
テレビ局の専売特許だった
映像の配信が、インターネットに
よって破壊された瞬間です。
2012年、僕はYouTuberに
なる道を歩み始めました。

「視聴〝率〟ではなく視聴〝質〟にこだわる」

NO. 04

〝ひとり出版社〟や〝ひとり文具メーカー〟と同じで、「たった一人でもテレビ局が開設できますよ」というメッセージを込めて、『立花孝志ひとり放送局』と名づけました。社会への不満だけでなく、他に発信したいことがあれば、どんどんYouTubeで伝えればいいじゃない、という思いで配信を続けていますが、当時は意外にもYouTubeを使う人が少なくてびっくりしました。

『立花孝志ひとり放送局』を作った2012年当時は、YouTubeに広告をつけて収入を得るという考え方が根付いていなかったからか、利用者があまりにも少なくて、本当にびっくりしたのを覚えています。

僕はもともと放送局（ＮＨＫです）に勤めていたため、映像の配信は放送局の専売特許であり、多くのスタッフや機材、費用が必要だという固定観念がありました。

その固定観念が崩壊したのが、テレビのニュースで流れていた尖閣諸島での中国漁船衝突映像に、〝YouTubeより〟というテロップが添えられていたのを見たときです。**テレビ以外から配信された映像が、こんなにも話題になったことに衝撃を受け**、すぐにYouTubeについて調べたことを覚えています。

そして、２０１１年11月、自分でもYouTubeチャンネルを開設し、翌年９月には『立花孝志ひとり放送局』という株式会社を立ち上げました。

当時はまだYouTuberという言葉は存在しませんでしたが、視聴回数がどんどん増えていったときの何とも言えない感動は、いまだに忘れられません。

このように、**僕は決してお金儲けのためにYouTubeを始めたわけではない**のです。

もちろん始めた頃は広告なんてなかったわけで、広告をつけられるようになってからも、しばらくは拒否してつけていませんでした。

広告をつけることで、企業に忖度《そんたく》したくなかったからです。

ただ、その頃はパチプロで生計を立てていたため、経済的な理由からパチンコに時間を費やすよりはYouTubeに時間を使おうと思うようになり、広告収入に頼った時期もありました。

そして2019年12月現在、再び広告は停止していますが、それはそれでOKだと思っています。**僕はお金儲けの道具としてYouTubeを使っているわけではなく、**キザな言い方をすると、**真実を広めるために使っています**ので。

いまやYouTuberは人気の職業で、**お金儲けのためにYouTubeをやっている人もいますが、その考えではなかなか成功は難しい**と思います。

好きなことに特化してやらないと続かないというのが、長年YouTubeに関わってきた僕の感想です。

インターネットは、テレビとは違い、公序良俗に反していなければ何をやってもいいわけで、それならば**好きなことだけを発信していればいい**のです。

儲けようという思いで始めると意外と儲からなかったりしますが、好きなことを楽しみながらやっていれば、そこそこの小遣いくらいは稼げるはずです。

YouTubeのような**映像には、活字以上に〝百聞は一見にしかず〟という説得力が詰まっています**。

本や雑誌のようないわゆる活字の世界は、書いている人を信用していなければ書かれた内容までもが信用できないわけです。

知らない人のブログに、「東京で熊に襲われました」と書いてあっても、信用する人よりも信用しない人の方が多いかもしれません。

しかし、東京の街中で人間を襲っている熊の映像がYouTubeで流れたとしたら、誰が配信しても事実として信用するわけです。

映像内の熊の姿があまりにも恐ろしかったら、トラウマになる人だっているかもしれません。

このように**映像というのは、証拠能力が文字よりも格段に高いため、無意識に人間の脳裏に強く突き刺さる**のです。

つまり、**映像を支配しているテレビ局は、それだけ強い力と影響力を持っている**ということになるのです。

最近僕は、投票所に足を運び〝N国党〟と書いてくれる人に、より強く気持ちを伝えたいと思うようになってきました。

いままでYouTubeで公言してきた、**『視聴率』ではなく『視聴質』へのこだわりは選挙でも同じで、『投票率』ではなく『投票質』にこだわりたいと思うようになった**のです。〝数〟よりも、僕を支持してくれる人に強く思いを伝えていくことの方が、これからは大切なんじゃないかと考えています。

例えば、相手候補のスキャンダルを探して攻撃すると有利になるのは確かですが、それをしてしまうと、僕や僕の支援者の人生が不幸になるんですよ。

相手の悪口を言うよりも、自分の良いところを僕はアピールしたいのです。

当たり前ですが、テレビ局は視聴率を稼げる方向で番組を作ります。

政治家を持ち上げた方が数字を稼げる時期は持ち上げ続けますが、批判した方が視聴者が食いついてくるとなると、途端に批判側にまわりはじめるのです。

僕がテレビ局を信用しないのは、**『事実はそっちのけで目先の数字にこだわっている』**からなのです。

「大人になってもふざけ続けられるのは、本当に優秀な人間だけ」

NO. 05

野球を始めたばかりの子供がイチロー選手のようなフォームだと、「そんな打ち方ではダメだ」と、基本を教えます。
大人はやたらと型にはめたがるのです。
しかし超一流の選手というのは、
基本を超えた変則から生まれてきます。
型にはめるような大人からすると、子供なのか大人なのか、
自分よりも優れているのかさえも、わからなくなるのです。

僕は人間の成長を『子供→大人→子供』の順番で捉えています。
どういうことかというと、**進化した大人の人間は、一般的な大人から見ると、成長する前の子供にしか見えない、**ということです。

僕はいま、5億円くらい借金をしています。

一般的な大人は、人からお金を借りるなと教えられて育ってきたため、「そんなにお金を借りてはいけませんよ」と注意してくるわけです。

普通のサラリーマンがサラ金で50万を借りるのと、これから選挙で戦うための投資として借りる5億円では意味が全然違うのに、そこに気づいていないのです。

選挙のときにも、「なぜ有権者にペコペコしないんだ」と大人の人から怒られたこともあります。

僕は**自分のことを、大人以上の子供だと自負している**のですが、大人の方から見ると、僕が大人になる前の子供なのか、大人を超えた子供なのか、どっちの子供に属しているのか、そんなことは到底区別することなどできないのです。
僕からすると、**歳を取ってもふざけ続けられる人って、実はすごく優秀**なのですが、**一般的な大人は、『子供に注意をするのが自分の役割』だと思っている**ため、自分よりも進化した人にもかかわらず、「この人は子供だから自分が注意しないと!」と感じて、よけいなおせっかいを焼いてくるわけです。

要するに、**多くの人は、〝普通こそが正しい〟という考え方**なのです。

人は子供から大人に成長するとき、社会で生き抜くために必要となるノウハウを学びますが、その過程で頑張って〝普通になろう〟としてしまうのです。

結果、**レベルの低い大人は、普通ではない（普通に生きられない）大人＝「まだ子供」「やばい人」に仕分けてしまう**のです。


実は、**バカなフリをすると人は集まってきます。**

これは極端な意見ですが、世の中には頭の良い人間よりも、バカな人間の方が多いからだと思っています。

だってバカな人間は、頭の良い人間の話なんて難しそうで聞きたくないんですよ。

だからこそ、**大人になってもふざけ続けられるバカになれば、人は話を聞いてくれるようになる**のです。


しかし残念ながら、選挙の当選だけを考えると、おふざけは話題にはなりますが、あまり得にはなりません。確実に票は減ります。

それでも僕がふざけ続ける理由は、**無名な人間ほどふざけないと注目もされないし、**

話題にもされないからです。

知らない奴が選挙に出ても、結局ゼロ票ってことですよ。別にふざけて嫌われてもいいんです。

ふざけることで話題になり、知名度が上がれば、0しかなかった票が10票になり、100票になり、1000票へと繋がることになるんですから。

実際、「**N国党なんかに票を入れるな！**」**という悪口が広がれば広がるほど、逆に票は集まって増える**という不思議な現象が起こります。

当たり前ですが、悪口を言う人は絶対に票を入れてくれません。

しかし職場でその人が、「NHKと戦っている政党って、なんか悪いことばかりしていない？」と盛り上がってくれたら、知らなかった人がN国党について調べてくれて、中には賛同して投票までしてくれる人が現れるのです。

何だかんだ言っても、人ってスキャンダルが好きなんですよ。

人の失敗を見て、自分が優越感に浸るんです。自分よりも不幸な人を見つけることで、安心感を得るわけです。

テレビのワイドショーを見ても、芸能人の結婚の話題は数日で終わりますが、離婚騒動は何日間も報道されますよね。泥沼離婚だったりしたら、まぁ長いこと長いこと。

もちろん、**ただふざけるだけの人は、すぐに飽きられて終わります。**

芸人でいう一発屋みたいなものです。

でも、本当に優秀な人間なら、自分の置かれている立場を正しく理解することで、ちゃんと生き残ることができるのです。

今はふざける時期なのか、そうじゃないのか、ふざけるとしたらどうふざけるのかなど、頭の中ではメチャクチャいろいろと考えているわけです。

例えば、炎上ひとつとっても、**ただ攻撃されるのは炎上とは言わない**んです。

賛否がある程度二分されないとダメで、すべての人が納得するような話題は炎上しにくいのです。つまり、すべての人から批判されたとしても、それは一時的な炎上で終わってしまうということです。

というわけで、賛否両論あるであろう問題を提起することが炎上の最大のテクニックになるわけですが、ある程度安定した後は、炎上はさせない方が得策になります。

第3章

説得力

破天荒でバカげた人間が、目立ちたいだけで行動しても、危険な人だけで終わってしまいます。
僕に説得力があるのは、
20年間ＮＨＫで経理や会長秘書を担当していた背景と
内部告発後の社内いじめから統合失調症と躁うつ病になった経験があるからです。

「大事なことは言行一致」

NO. 06

世間的には『立花孝志＝ふざけ続けている人』なわけです。
しかし実際は、多数派に嫌われてもいいから、
少数派の正しい意見を実直に言い続けているだけなのです。
しかも僕は常に多数派に流されないように意識しています。
意識するところから始めて、潜在意識にまで叩き込み、
ズレていないか、定期的にチェックもしています。

多数派に人が集まるのは『楽』だからです。
まさに『赤信号みんなで渡れば怖くない』。
みんなと一緒にいれば、あれこれ考えなくても済むので、楽に生きていけるのです。

これって実は動物の本能そのもので、肉食動物と違って草食動物は、自分がつるんでいる群れがどんなにおかしいと思っても、ついて行かざるを得ないわけです。魚も一緒で、鰯などの小魚は群れを成して泳いでいますよね。

要するに**多数派というのは、『自分の意思がない人』や『計画を立てられない人』の集まり**なんです。

自分を持っていないから、リーダーの指示に従うだけの人たちがいわゆる多数派なわけで、**人数が多いからといって、決してそれが正しいというわけではない**のです。

だからこそ、**多数決と多数派の違いを、まずはしっかりと理解しないといけないのです。**

これはとても重要で、**民主主義はいくら多数派が正しくないとわかっていても、多数決で決めてしまいます。**

しかも多数派というのは、変化していくのです。

要するに、**多数派は一つの群れに過ぎないため、司令塔が変わると、一気に考え方まで変わってしまう**のです。

しかも、やっぱりこっちの方についていったほうがいいと思ったら、多くの人たちが一気に移動してしまう。ある意味、浮気性な部分があるのです。

つまり、**少数派だったとしても、流れが変わるまでじっと待てばいい**ということになるのです。

選挙は多数決で決まります。

いまのN国党を取り巻く状況というのは、単に多数派が僕じゃない別の場所にいるだけの話なんです。

その違いをわかっていれば、怖くなくなるわけです。

自分が少数派なら、多数決では多数派には勝てません。

そこで、少数派を多数派に変える方法を考えればいい、ということに気づくのです。

要するに、**少数派を多数派に変えることを意識しながら、「いまの世の中は多数決で決めている」ということを、受け入れればいい**のです。

少数派であっても正しいことを言い続けていれば、知らない間に多数派に変わります。

中には多数決で勝つために、**自分の考えを変えて多数派の意見に賛同してしまう人がいますが、そんなやり方では絶対に勝てません。**

今はインターネットの時代です。

YouTubeで言いたいことを伝えることができます。

そこで、**自分の意見を言って、言ったことを行動で示せ**ばいいのです。

まさに、言行一致です。

それに気づいてくれる人が、いまは少数なだけなんです。

僕は、**成功体験を繰り返すことで、いつしか自分たちが多数派になり、選挙で勝てる時代が到来する**と思っています。

例えば、車でも洋服でも、トップシェアのメーカーは、スタンダードな商品を作るだけで、そこそこの数を売ることができます。

しかし参入したてのメーカーが、そこそこの数を売るには、今まで見たこともないようなインパクトのある変わった商品を作らないと、売れないわけです。

「見たこともないような商品が登場したぞ」とか、「この形状って商品としてありなのかな」と思われても、中には「このデザインってなんか可愛いよね」という人が現れて購入してくれるはずです。

もちろん、変わった商品を出し続けられるのは、本当に優秀なメーカーでないと無理だと思いますが、**とにかく違和感を覚えて、知ってもらわないことには、土俵にも上がれないのです。**

もうおわかりだと思いますが、僕がふざけているように見えるのは、『少数派を多数派に変える手段』であり、いまは自分が信じる正しいことを、YouTubeを武器に広めている段階なのです。

「信頼さえあれば優秀な人材やお金が集まる」

NO. 07

財産はお金だけじゃありません。
人が一番の財産であり、人がお金を生み出すのです。
人は信頼そのものです。
立花孝志に信頼があれば、選挙で票をとることができます。
票がとれると、人が集まります。
優秀な人材が集まれば、結果的にお金も集まるのです。

『**お金で信頼は買えないが、信頼でお金は集まる**』とは、まさにこういうことを言うのです。

ちなみに〝信頼〟とは、その人の将来に期待した言葉で、この人なら将来的にきっと成功してくれるだろうという気持ちの表れでもあります。

〝信用〟が過去の実績や成果に対する評価なら、〝信頼〟とは今後の成長まで含めた期

待値を込めた人と人との繋がりだと僕は思っています。

要するに信用は、実績や成果といったエビデンスを担保に、相手から信じてもらうのに対し、信頼は、たとえ過去の実績や成果といった信用がなかったとしても、その人個人の人間性や人間的な魅力を担保に、未来に期待して得ることができるのです。

では、豊かな人間関係を構築し、未来を有利に生きるために必要となる『信頼』を得るには、どうすればいいのでしょうか？

僕は、**信頼を得るには、『決して嘘をつかない』など、誠実さが必要**だと思っています。

そのためには、**私利私欲を捨てないとダメ**です。

ＦＸでお金を貯めたり、YouTubeで人の悪口を言ったりして貯めたお金は、長続きはしません。

人を騙すことで無理やり集めたお金ならなおさらで、虚しい人生にしかならないはずです。

誠実な態度というのは普段の行動にも直結するのです。

例えば党員が悪いことをしたときに、政党としてどれだけ守ってあげられるのか、それとも切り捨てるのか、という判断は非常に難しいと思いますが、僕はできる限り内輪の人間は守るようにしています。

逆に守らなくてどうするんだってことです。

もちろん内輪の人間を守ると、一時的に支持率は下がります。悪いことをした人間を庇《かば》うのですから。

しかし、それでいいんです。

長い目で見れば、**どんな状況でも党員を信じて守ったというその行動が信頼へと繋がる**と思っているからです。

人生とは、自分なりの歴史を作っていくことです。

どう生きたかが大切で、お金よりも大事なものって、いっぱいあるんですよ。

過去の自分の行動が歴史となり、実績や成果が信用となり、未来に対する信頼へと

続くのです。

だからこそ、**人は信頼されると、人を集めることができる**わけです。

カリスマ経営者の下に優秀な人材が集まるのと同じで、強いリーダーシップとチャレンジ精神に人々は魅了されるのです。

では、優秀な人材とはどのような人材のことを言うのでしょうか?

僕が考える優秀な人材には大きく2種類あり、ここでは『調整能力の高いタイプ』と『実践能力の高いタイプ』と命名して説明します。

『調整能力の高いタイプ』は、トラブルが発生したときに、自身が築いてきたネットワークを駆使して解決するタイプで、このトラブルならこの部署のこの人に頼めば大丈夫というように、周りの人材を上手に活用して解決まで導くタイプです。

『実践能力の高いタイプ』は、専門性の高い分野でプロフェッショナルに活躍するタイプで、自分の能力や技量でトラブルを解決まで導くことができる人のことをいいます。

僕は自分のことを、調整能力の高い戦略家だと評価しています。

だからこそ、N国党の党首に専念するため、実践能力の高い浜田聡に参議院議員を任せたわけです。

実は、**人や票が集まると、政党交付金などのお金も集まる**ようになります。

意外かもしれませんが、すでに僕は6年先の党のキャッシュフローを算出しています。

長期的、短期的な視野はもちろんのこと、中期的な視野でも党の運営を考えているのです。

N国党のポリシーは、『選挙にお金をかけないこと』です。

僕たちが使うお金は本当に政党交付金だけで、選挙に必要となるお金は供託金だけです。

供託金を払えば、基本的には選挙カーも無料で、政見放送も利用できます。

しかも、**YouTubeを上手に活用すれば、選挙にお金をかけずに戦うことができます。**

このような選挙のやり方は、革命になると信じています。

ギャップこそが人を惹きつける最大の武器

NO. 08

課長になったから課長らしくしようとか、
政治家になったから政治家らしくしようとか、
世の中が抱く肩書きのイメージに寄せようとする人は、
そこで成長が止まってしまいます。
世の中のイメージとのギャップを演出することで
注目が集まるのです。
そのため、強い人ほど弱みを見せたりします。
ギャップを隠さず、全面に押し出すことが大切です。

僕はお酒よりも甘いものが好きです。
猫と戯れることも好きで、ノートパソコンの壁紙も猫の写真を使っています。

どうですか？　イメージ通りの立花孝志でしたか？　それともギャップを感じましたか？

ギャップを感じたからと言って、僕に恋をしないでくださいね（笑）。

なんて冗談ですが、〝**ギャップ萌え**〟**という言葉があるくらい、ギャップは最高の恋愛テクニックのひとつで、ギャップが好感度を上げる**ことは一般的に知られています。

ギャップは人を惹きつける最大の武器ですが、効果が現れるまでに時間がかかるという欠点があります。

正直、ギャップを使わず〝なんとなくあいまいなまま〟のほうが、早く好きになってもらえるかもしれません。

例えば国会議員に当選したら、世の中の人が思う国会議員らしい立ち振る舞いをすれば、「やっぱり国会議員は厳格ですばらしい」と思われるわけです。

かたや僕の場合は、「パチンコもするし、キャバクラも行くし、アホなことばっかりやっていますよ」みたいなことを平気で言ってしまいます。

親近感が湧く人もいると思いますが、多くの人からしたら、「こんな奴が議員になって、本当に大丈夫か？」ともなるわけです。

僕は、能力が低い人は、ギャップを使うことができないと思っています。**ポテンシャルが低い人は、世の中のイメージ通りの肩書きを演じていればいいのです。それにより、地位に対する能力の低さを覆い隠すことができる**からです。

逆に、**いまの自分の地位よりも、自身のポテンシャルの方が高いと感じている人は、思う存分ギャップを出す方が有効**というわけです。

普段バカなことばかり言っている人が、平均点の低いテストで90点を取れば、その人に対する周囲の見方は１８０度変わるはずです。

マイナスのイメージからスタートすると、プラスの出来事があったときに、プラスのイメージをより大きく感じるというのは、心理効果でも立証されています。

ゲインロス効果と呼ばれ、**プラスとマイナスの変化量が大きいほど、イメージの変化に対する心の影響が大きくなる**のです。

逆に、周囲から頭がいいと思われていたプラスのイメージの人が、テストで90点を取っても、『想定内』として、心の影響は小さいわけです。

国会議員も同じで、国会議員になっただけで満足している人なら、ギャップを出す必要はありませんが、将来、総理大臣のイスを狙っているのなら、ギャップが武器になるため、試したほうが有利に働きます。

繰り返しますが、**いま自分の置かれている地位が、自分のポテンシャルよりも低かったら、どんどんギャップを出していきましょう！**

公言はしていませんが、僕は精神心理学や恋愛心理、セックステクニックについても十分に語れる引き出しを持っています。

今は必要ないので使わないだけです。

その他にもプロ野球だったり、パチンコだったりと、人生経験が長い分いろいろな引き出しを持っています。

そしてこの**何個も持っている引き出しが、人間的な厚みやギャップに結びついていると**思っています。

たとえば、小さい頃から野球ばかりをしていたプロ野球選手が、引退後に情報番組のコメンテーターとして出演し、世界の経済状況について的確なコメントをしていたら、彼のイメージとのギャップに驚きませんか？

自分はフランス料理のシェフだから、高級フレンチ料理以外のことは知らないというよりは、若い女性たちに人気のタピオカに詳しかったり、アイドル好きだったりした方が、より身近に感じられて高感度はアップすると思います。

実際僕も、世間的にはイケイケドンドンのイメージだと思われていますが、かなりの慎重派で、行動する前には何度も頭の中でシミュレーションを繰り返し、これなら最悪のパターンになっても大丈夫だと確信してからでないと実行に移さないタイプです。

ただ、**一度大丈夫だと思ったら、そこからは自信を持って行動する**ようにしています。

アップルの新商品発表会のCEOによるプレゼンもそうですが、どこか不安げに話すよりも**堂々と自信を持って話すほうが一段と説得力は増します**よね。

なによりも、自信に満ち溢れている人は、かなり魅力的に映るものです。

第4章

戦略力

船橋市議会議員を辞めて
東京都知事選に出馬したときは、
周囲の誰もが僕のことを
アホだと思っていました。
しかし3年後の参院選で
当選したら、やっと僕の戦略が
理解してもらえたのです。
東京都知事選の出馬は
3年後の布石だったのです。

「悪名は無名に勝る」

NO. 09

市議会議員選挙は嫌われても当選できます。知らなければ0票。しかし嫌われたら0票ではなくなります。だから嫌われるためにわざと炎上させるのです。立花はウザいと言う人がたくさん出てきて肩身は狭くなりますが、不思議と「立花も良いな」と思う人たちが現れるのです。しかも、めちゃくちゃ嫌われたらめちゃくちゃ知名度が上がり、「嫌われ者の立花って自分と似ているな」と思う人がおこぼれの1票をくれるようになるのです。

船橋市の場合、50議席に対して49万人の有権者がいらっしゃいますので、僕の計算によると2000票集まれば当選できます。

とにかく選挙では、**どんなに嫌われようとも無名よりは知られているほうが圧倒的に有利**なわけです。

選挙活動中には興味本位でビラを受け取ってくれる人たちもいらっしゃるので、上位当選だって夢ではないのです。

女優さんでも俳優さんでも、無名の駆け出しのときは『売名行為』と言われてしまいますが、それでもスキャンダルはプラスになります。

しかし一旦、有名人になるとスキャンダルはマイナスに働くため、自分が今どのポジションにいるのかというバランスを見極めることが重要になります。

確実に言えることは、**最初はとにかく目立つことだけを考えなさい**ということ。**誰も最初からその人の中味までは見てくれない**のですから。

知らない街で、ランチを食べる店を探していたとします。

まず外観からどんな店なのかを想像して選ぶ人が多いのではないでしょうか?

メニューに『本格的な石窯ピザ』があろうと、テーブルや椅子、内装にこだわりぬいていようと、お店の外観が魅力的でなかったらお客さんは入ってきません。**店のドアを開けて中に入ってもらうには、外観や看板が重要なポイントになる**ということです。

別にオシャレである必要はないのです。

とにかく**目立って注目されればいい**のです。

店によっては、変わった店名にすることでインパクトを与え、興味を持ったり、覚えてもらったりするという戦略を取り入れているところもありますよね。

ドアを開けてもらうきっかけは、「面白そうだから中に入ってみよう」でも何でもいいのです。

面白そうというだけの理由で店内に入り、実際に食べた本格的な石窯ピザが美味しかったとしたら、その**ギャップだけで満足度が何倍増しにもなる**はずです。

外観が本格的なピザ屋さんという店構えのお店と、インパクトを追求した面白そうなお店とでは、同じ味でも食べたときの衝撃は後者の方が高くなるということです。

僕は、こういう発想をすることでチャンスは生まれてくると思っています。

世の中には、チャンスは平等に転がっています。チャンスに気付いて手を伸ばして掴むのか、黙って見過ごしてしまうのか。その違いだけだと思いませんか？

『花咲か爺さん』に登場する傷ついた子犬も、最初に見つけたのは主人公のお爺さんだったわけではないと思うのです。

子犬に気付いたにもかかわらず、他の村人たちは見て見ぬふりだったのかもしれません。たまたま子犬を助けた主人公のお爺さんが、数々の恩恵を得ることができたわけです。

これが子犬ではなくインターネットだったらどうでしょうか。

僕を含めて多くの大人たちは、インターネットが急激に発展していく過程を目の当たりにしています。

アマゾンのCEOであるジェフ・ベゾス氏は、当時勤めていた会社を辞め、1994年にシアトルのガレージでアマゾンを立ち上げました。

ベゾス氏やグーグルの創設者のように、**平等に誰しもの目の前にあった出来事や時**

代の流れを、チャンスと思って飛び込むことができたのか、それともただ指をくわえて見過ごしてしまったのか、その違いだけなのです。

市議会議員選挙にしても、供託金を払えば誰でも立候補できます。

もちろん、最初は誰もが無名です。

僕は２０１３年の大阪府摂津市議会議員選挙と２０１４年の東京都町田市議会議員選挙に立候補しましたが、どちらも落選しました。

「YouTuberのパチプロが選挙で勝てるわけないだろ」と、一般常識の枠にはまった大人たちは思うかもしれませんが、**僕は『悪名』という武器を使い、市議会議員だけではなく、参議院議員選挙の比例区から立候補して当選という結果を残している**わけです。

おかげで今では、YouTubeでさえも僕の動画に広告を出すのを嫌がるほど嫌われてしまいましたが、ＮＨＫのスクランブル放送化を目指した取り組みは、実を結ぶべく着実に前進しています。

「お金は使えば使うほど減る
知恵は使えば使うほど増える」

NO. 10

お金はただの道具に過ぎません。
ですから、『貯める』のではなく、『使う』ことに知恵を絞るのです。
知恵はいくら使っても減らないだけでなく、
使えば使うほど能力として増えていきます。
逆にお金は使えば使うほど減ってしまいます。
大切なのは、お金を使わないことを考えるのではなく
いま手元にどれくらいのお金があるのかを把握しながら、
それを最大限に活用する方法を考えることなのです。

お金は道具である以上、使わないと選挙に出ることも、戦うこともできません。
しかし、**使えば使うほど減ってしまいます。**

だからこそ、**お金を使うときには同時に知恵も使わなければダメ**なのです。

お金がなくなったら、やりたいことが何もできなくなります。

いまはお金を使うときなのか、それとも踏み止まって我慢するときなのか。

お金を使う前に正確な判断が求められます。


実は、2016年の参議院選にも出馬を考えていました。

しかしここでお金を使ってしまったら、NHKから国民を守ることができなくなるような、取り返しのつかない赤字になってしまうと判断し、断念したわけです。

でも、ただ断念したわけではありません。

このときは、**お金ではなく知恵を使うことに転換した**のです。

そして僕は、参議院選ではなく東京都知事選に立候補することを決めたのです。

参議院選でも東京都知事選でも、供託金は同じ300万円ですが、参議院選挙で勝つためには選挙事務所を構えるなどいろいろな経費が必要となり、300万円だけでは戦えないと判断したわけです。

しかも参議院選は、東京選挙区なら300万円で済みますが、参議院比例区から立候補したら最低でも３３００万円と10倍以上の資金が必要なわけで、あのとき本当に立候補していたら、完全に無駄死にしていたかもしれません。

お金が道具である以上、戦いにはお金を使わないと負けてしまいます。

しかし、お金は使ったら使っただけ減ってしまうということを忘れてはいけません。

しかも**お金は無機質なただの道具ではなく、〝愛〟が伴うこともあります。**

僕から〝愛〟という言葉が出てくると、何？　と思うかもしれませんが、ここでいう〝愛〟とは、広い意味が含まれています。

目の前に病気で苦しんでいる人がいたとしても、お金がなければ仕事を休んでゆっくり静養してもらうこともできません。

その人のために何かしてあげたいと思ったら、最終的にはお金が必要だったりするわけです。お金はもちろん道具ですが、**愛情を注ぐための道具にもなる**んです。

また、**お金はいざというときに自分たちを守ってもくれます。**

そのためには、自分が守るべき相手、愛情を注ぐ相手の人数を普段から考えておかなければなりません。

実はいま、２０２０年の衆議院選挙で32名しか公認を選んでいないのは、それ以上の人たちを抱えてしまっても責任が取れないという背景があるからです。

そういう意味では、**お金と愛というのは、密接な関係にある**と思っています。

「金の切れ目が縁の切れ目」にならないようにということです。


逆に**知恵の使い方は、『トライ＆エラー』**です。

どんどん挑戦してどんどん失敗することです。

一般的に〝試行錯誤〟と同じ意味で使われるトライ＆エラーですが、実は和製英語で、正しくはトライアル・アンド・エラーと呼ぶそうです。

当たり前ですが、**新しいことに挑戦をすると、失敗はつきもの**なんですよ。

失敗をしていない人がいたら、それは何も挑戦していない証拠だと言う人もいるほどです。

しかしここで注意が必要で、ただ闇雲に挑戦し、失敗すればいいというわけではありません。

僕は、**トライ＆エラーは、失敗が前提ではない**と思っています。

『ダメなときは別の方法でやり直せばいい』という考えは、非常にあさはかだと思っています。

別の方法でやり直すには、かなりの労力が必要になります。

やり直すことは、スタート地点に戻ることと同じです。

要するにゼロから始めることになるため、一回の失敗が取り返しのつかない事態を招くことだってあるわけです。

失敗は知恵となり、経験にもなりますが、**トライ＆エラーは頭の中で何度も何度もシミュレーションすることが重要**なんです。

そして、**最悪のパターンまで考え抜いてから、実践する**のです。

失敗が怖かったり、面倒くさかったりして最初から何も挑戦しない人よりははるかにマシですが、『ダメなときは別の方法でやり直せばいい』ではなく、**トライ＆エラーは、失敗を補正しながら成功へと進むもの**だと心得てください。

「人は自分の知らないことに不安を感じる」

NO. 11

人は自分が知らないことに不安を感じるため、知らないことを言う人を遠ざけ、関心を持たないようにします。これは防衛本能があるからです。そのため知らない人に関心を持ってもらうには、驚きが必要になるのです。すべての争いごとは、相手に対する無知が原因ともいえます。お互いがお互いを理解していないところから始まるのです。

街を歩いていて突然、「あなたは神を信じますか？　信じることで救われます」なんて言われたら、多くの人は怖がりますよね。

実は、**自分にとって知らないことを言う人から遠ざかろうとするのは、人間の持つ**

防衛本能だから仕方がないことなんです。

街中でナンパされたり勧誘されたりするのは別にして、会社の研修会に参加しなければならないとか、インターンに参加することになったとか、知らない人と会話をしなくてはならないケースはときどきあります。

僕なんか街頭演説もあるため、知らない人と会話をしなければならない場面が本当に数多くあります。

ではどうしたら、初対面の人とスムーズに話せるようになるのでしょうか。

秘訣はというと、まずは〝**笑顔を忘れない**〟**こと**です。

『第一印象は出会って数秒で決まる』と言われています。

僕の場合はマイナスのイメージが先行しているからか、ギャップも手伝い笑顔を振りまいているだけで、初対面の人から『実物の立花さんはいい人』と思われてスムーズに会話ができるようになります。

次は、**相手のことを注意深く観察すること**です。

たとえば、知り合いがひとりもいない立食パーティーに参加する機会があったとしたら、自分から積極的に話しかけるようにしてください。

同じ立食パーティーに参加している他のメンバーも、紙の皿と割り箸を持ってひとりでウロウロしたいわけではありません。

誰かと話がしたいに決まっています。

そこで勇気を振り絞り、**自分から話しかけることができれば、「あなたに対して私は心を許していますよ」と、アピールすることができる**のです。

たったこれだけですが、この行動はとても重要で、**声をかけられた側からしたら、返事は「OK」か「NG」だけで済みます**からね。

だって、自分と会話がしたいから、相手は声をかけてきたに決まっているわけですよね。

このように、**自分から話しかけるということは、知らない人と仲良くなるチャンスが生まれるだけでなく、相手の負担を減らすことにも繋がる**のです。

しかも、自分が好意を寄せている相手を選んで話しかけるのですから、**人から話しかけられるより何倍も仲良くなれるチャンスが増える**わけです。是非お勧めします。

といっても、知らない人に自分から声をかけるのは、なかなか難しいと思います。だからこそ、相手のことを注意深く観察するのです。

初対面の人と話すことに苦手意識を感じるのは、話題が見つからないからです。**話題が見つからないのは、相手のことを知らないから**です。

友だちなら共通の話題があるだけでなく、相手の趣味趣向など細かい情報を知っているため、いろいろな側面から会話の糸口を見つけられるだけなのです。

しかし、初対面の人でも相手のことを注意深く観察すれば、聞きたいことは多く発見できるはずです。

「すてきな腕時計をしているけど、どこのブランドだろう?」とか「髭を生やしているけど、なんの仕事をしているのだろう?」とか、**相手を観察し、疑問を質問に変えていけば、それが自然と話題になっていく**のです。

お天気の話など、まずは当たり障りのない会話が無難と教えられますが、立食パーティーで、会う人会う人からお天気の話をされたら、さすがにうんざりすると思いませんか？

相手を観察し、他の参加者とは違った意表を突いた質問や会話から入ると、自分という存在をより印象づけることにも繋がります。

初対面の人に、あまり常識はずれのことを質問するのは問題ですが、いずれにせよ驚きを与えることは大切です。

驚きと楽しみを与えることで、知らない世界から知っている世界に来てもらうことができるのです。

話す前は自分に対して良いイメージを持っていなかった人でも、**知ってもらえるようになると、だんだんと好きになってもらえる**ものです。

知ることで、好奇心や興味へと変わっていくのです。

その昔、キモい芸人として殿堂入りまでした芸人さんが、いまや好感度の高い愛されキャラになっているのが、その良い例だと思います。

決して本人が変わったわけではないのです。

周囲の見方が変わっただけなのです。

「政治の世界では、敬愛できる〝敵〟を作ることが第一歩」

NO. 12

ＮＨＫのことが好きだから、愛情を込めて責めているのです。
僕のことを批判してくるYouTuberの方たちも、
僕のことが好きだから批判してくれていると思っています。
誰よりも僕のことを知ってくれているからこそ、
良くなって欲しいという思いから責めてくるわけです。
もしも彼らの方が正しければ、僕を超えていくはずです。
僕とＮＨＫとの戦いでいえば、どちらの方が世の中の
役に立っているのかによって、最終的にどちらかが
消えるという形で結論がでると思っています。

政治や選挙の世界では、敬愛できる〝敵〟を作り、相手を悪、自分を正義に仕立て上げるところからスタートする手法は、実は昔から使われている戦術なんです。

みなさんも気がついていると思いますが、僕は**尊敬する橋下徹さんのマネをしている**だけです。そして、橋下さんの手法をマネしているのは、いまのところ僕しかいないのではないかと勝手に自負しています。

ただ一方で、〝**敵**〟**を作ることは危険も伴うため、僕は一日でも早く政治家を辞めたい**と思っています。

いまや世界の人口は増え続けており、国連は現在の77億人から2050年には97億人へと、今後30年間で20億人の人口増加が見込まれると発表しています。

アメリカ合衆国のトランプ大統領が掲げるアメリカ第一主義であるアメリカファーストやイギリスのボリス・ジョンソン首相が推し進めるEU離脱なども、世界の人口が増えたことで難民や移民の受け入れ問題が出てきたという背景があるからです。

こういう話をすると、「立花孝志は虐殺主義者なのか」なんて根も葉もないことを言われてしまいますが、**世界的な人口問題は考えれば考えるほど怖い**わけです。

僕は、中国の一人っ子政策は、ある意味すごい人口政策だと思っています。

産むときから抑制してしまえば、痛みを伴わずして人口が膨れ上がることで起こる弊害を回避することができるのですから。

僕が２０２０年の衆議院選挙で32名しか公認を認めないのも、党首としての責任から派生する苦渋の選択なのです。

うちの党から出馬したい人がいるのなら、全員を公認してあげるべきだと思いますが、公認した以上、僕には彼らを守らなければならない責任があります。

しかしいまのN国党の実力を考えると、入り口の段階で制御しなければならないというわけです。

世界情勢も同じで、**南米、アフリカ、東南アジアなど、これからどんどん人口が増え続ける地域では、中国の一人っ子政策のような人口をコントロールする政策が必要**だと考えています。

いまや取り返しがつかなくなる前に、平和的な舵取りが求められているのです。

日本でも外国人労働者の受け入れを拡大するなど、難しい選択が求められてくると思います。

そうなると、僕みたいな人間が政治家をしていることが、根本的に間違っているというか、危険でもあるわけです。

あえて否定はしませんが、ファシズムと言われることもあります。

しかし、アメリカファーストやイギリスのEU離脱など、**民主主義が進めば進むほど、ファシストを生む可能性はある**と、これまでの歴史が物語っています。

ドイツは、当時最も民主的といわれたワイマール憲法のもとでも独裁国家になってしまいました。

企業では、カリスマ経営者が手腕を振るい、従業員が一丸となってカリスマ経営者を盛り上げるという構図がありますが、**時代が混沌としてくるほど、カリスマという独裁者を求める傾向がある**のかもしれません。

話が難しくなりましたが、**相手を悪、自分を正義とする手法は、とても危険が伴う**ということを知って欲しかったのです。

そもそも**何が正義かなんて、誰にもわからない**のです。

ある地域が台風で大きな被害に遭い、多くの住人が意気消沈しているとき、別の地域で花火大会が開催されていたとします。

大会の主催者に対し、不謹慎だとＳＮＳに投稿する人たちが必ず出てくると思いますが、こんなのは**正義の覆面を被った、ただの悪者でしかないと感じる**のです。

みんなが楽しみにしている花火大会に向けて、職人たちはかなり前から汗水垂らして花火づくりに勤しんできたわけです。もちろんこの日のために雇われた警備員や出店の関係者も大勢いると思います

この人たちに向かって、台風被害のニュースを見て瞬時に沸き上がった感情だけで〝悪〟と決めつけ、その人たちのことをおもんばかることもなく攻撃するのはどうなんでしょうか？

その**覆面正義こそが、一部の事実にしか視線を向けることができずに、ただ世間を揺さぶるだけの悪**ではないかと思うのです。

「ネット社会の今は平均的な人間よりオタクが求められる」

NO. 13

学生時代は、国語が20点で算数が80点なら、国語を勉強しなさいと教えられてきました。効率的に平均点を上げるためのテクニックなのですが、社会に出たら、得意の教科を伸ばすことがより重要になります。インターネットが広まったいま、平均点が高い人間よりも、ひとつのことに特化した専門性の高い人間が求められる時代。苦手な部分をあえて克服する必要はないということです。

ＡＩの発達により、機械ができることは、機械に任せる時代になってきています。

当然のようにロボットは人間よりもミスが少ないため、ミスが発生しやすい単純作業などは、今後ますますＡＩやロボットに取って代わられることになるでしょう。

これからは、**一つのことに集中し、より専門性を高めることに特化した人間しか生き残れない**はずです。

学校から帰ったら宿題もしないで寝るまでゲームばかりしていた子供が、大人になり、eスポーツで何億円も稼ぐことだってあり得るわけです。

変わったところでは、レゴ・マスター・モデル・ビルダーと呼ばれるブロック玩具の『レゴ』を作るプロがいます。

子供の頃に遊んだレゴも、芸術の域まで技を極めれば、プロアーティストとして生活できるまでになるのです。

最近は『大人のレゴ教室』が開催されるなど、得意なことをやり続け、それをブログなどのSNSで発表し続ければ、いつどんなところで注目されるかわからなくなってきているのです。

主婦の役割だった掃除や片付けも、達人の域まで到達すれば、たとえ専業主婦でもカリスマにもなれますし、ただのラーメン好きで毎日ラーメンばかりを食べていた人が、いつのまにか本を何冊も出版するほどの人気者になったりするのです。

そんな時代だからこそ、「**平均点を上げろ**」という大人の**意見は無視してもいい**んじゃないかと、強く言いたいのです。

これはまさに**少数派と多数派の理論で、多数派が必ずしも正しくないということの典型**だと思います。

「平均点を上げろ」という多数派の意見は、昭和に活躍した高齢者の成功体験からくる意見に他ありません。

高度成長期から平成にかけては、一日中ネジを締めている作業員や、電卓で帳簿をつけていた事務員など、いまではロボットやパソコンがやるような仕事をすべて人間がやっていました。

そんな時代だからこそ、真面目だったり、社交性があったりする人を世の中は求めていたのです。

自分勝手に作業手順を変えたり、飽きたからと勝手に休憩されたりしたら困ってしまうからです。

しかしこれからの時代、**そんな化石のような多数派の大人の意見はある程度スルーして生きないと、使い物にならない画一的な人間になってしまう**と思いませんか。

いまの時代、工場には組み立てロボットがあり、会社のデスクにはひとり1台ずつパソコンが置かれているわけです。

さらに、外国人労働者の雇用や工場の海外移転など、**平均的な人間が求められる仕事は、間違いなく減っていく**と思います。

映画で見たアメリカの企業に限らず、いまや日本のベンチャー企業では、オフィス内をスケボーで移動したり、愛犬を連れてきたりと、高齢者が見たら遊び場と勘違いするような環境のオフィスが実際にあるわけです。

これからの時代、どちらが多数派で、どちらが少数派になるのか、みなさんならわかると思います。

時代は加速度的に変化しており、すでにパソコンからタブレットの時代になろうとしているのです。

日本の学校教育は、平均的な人間を作り過ぎました。

もちろん、平均的な人間を必要とする仕事がなくなることはありません。

これを聞いて安心したと思うか、自分しかできない仕事がしたいと思うのかは、みなさん次第です。

でも、**YouTubeなどのインターネットを使って、自分が生活できるだけのお金を稼ぐことができれば、それが成功だと悟っている人も世の中には大勢います。**

メルカリやAmazonマーケットプレイスの登場により、〝せどり〟として転売で稼いだり、クラウドファンディングで資金を集めて起業したりと、**新しい仕事や考え方が、YouTuberが生まれたように、インターネットから次々と誕生しています。**

都心の高層ビルで、部下たちに囲まれながら仕事をする人生もいいですが、家族が生きていけるだけのお金を、好きなことで稼ぐという幸せもあるのです。

いまの若者たちは、そのことに気付いています。

知らないのは、頭の固い時代遅れの大人たちだけです。

ネット社会のいま、**過去のものさしだけで物事を判断し、子供にアドバイスすることと自体がナンセンスだということを、大人たちは一刻も早く気付いてください。**

「話を聞いてもらうには
バカになれ」

NO. 14

バカになってふざけないと、話も聞いてもらえません。攻撃され、言い返し、論破してはじめて話を聞いてもらえるようになるのです。僕の動画を見て分析する人たちがいますが、バカキャラ、破天荒キャラのイメージが、解説動画によって、ただの戦略キャラになってしまう恐れがあります。本当に困った話です。


バカなフリをすると人が集まり、話を聞いてもらえるようになります。

みなさんが話をする目的は、用事を伝えるということだけではありません。

多くの場合、**共感してもらいたい『共感欲求』**と、**自分のことを認めてもらいたい『承**

認欲求』を満たすことが目的にあります。

サラリーマンが飲み屋街で同僚と飲み歩く一番の目的は、傷を舐め合う『共感欲求』を満たすためでもあります。


たとえばですが、愚痴を言うとき、自分より頭の良い友だちよりも、バカな友だちの方が言いやすくないですか?

バカな友だちの方が、話を否定されたり、説教されたりしなくて済むから、安心して愚痴を言えるのです。

そして、人に話を聞いてもらうときも、これとまったく同じ思考が働くのです。

こちらがバカになることで、共感しやすくなり、上から目線で優越感を持って話を聞いてもらうことができるのです。

自慢話を聞くよりも、失敗話を聞くほうが面白いのと同じです。

まさに人の不幸は〝蜜の味〟なのです。


「家族も含めて自分の周りには誰も話を聞いてくれる人がいないので辛い」という方

がいましたが、家族が一番の良き理解者であると誰が決めたのでしょうか？

そんなのは幻想です。

家族が話を聞いてくれないのなら、家族に頼らず、自分のことを理解してくれる人と話をすればいいのです。

また、**友だちよりも知り合いを多く作ることをお勧めします**。

知り合いとは、縁が切れても気にならない人のことです。仲の良い友だちほど、自分の弱みを見せる悩み相談は、話しづらかったりしますよね。


それでも話し相手がいないのなら、**病院の精神科やキャバクラ、ホストクラブに行けばいい**のです。

お金を支払っているわけですから、愚痴でも自慢話でも必ず聞いてくれます。

特にキャバクラやホストクラブでは、ボトルを入れてもらいたいがために、あれこれチヤホヤして『承認欲求』まで満たしてくれます。

しかし誰もがそんなにお金があるわけではないので、**お金がない場合はニコニコ生放送がお勧め**です。

人気のない過疎放送なら、放送主が必ずコメントに反応してくれます。

そういう意味では、**キャバクラやニコニコ生放送は社会に貢献しているの**と言えます。

これからの世の中、**お金をたくさん稼ぐよりも、承認欲求が満たされることの方が重要になってきている**と感じています。

特に**いまの若者は、高級な腕時計や車といった物欲よりも、社会から認められたいという承認欲求を求めている傾向が強い**のではないでしょうか。

お金持ちイコール成功者ではなくなってきているということです。

このように価値観や考え方が大きく変化しているいま、**大人が子供に自分の考えを伝授するなんて時代は終わった**んじゃないかなと思うのです。

逆に**大人の言うことを聞けば聞くほど、子供たちは間違った方向に進んでいく**のではないかと危惧するほどです。

いまだに大人は、いい大学を卒業して、いい会社に入って、給料をたくさん稼げば、豊かな人生になると信じていますが、「お金をどう使えば人生が豊かになるのか」ということまでは、明確な答えを知り得ないがために、子供たちに教えることができないわけです。

「**お金は、自分の望みを叶えるために必要な分だけを稼げばいい。それ以上は稼ぐ必要はない**」というのが、僕の考えです。

『働きたくない』のであれば、働かなくてもいいと思っています。

この国では働かなくても生活保護を受けていれば、生きていけるのです。

ここで間違って欲しくないのは、「就職なんてするな」と、言っているわけではないということです。

『働きたくない』ほど明確ではなく、「なんとなく、特にしたいことが思いつかない」というレベルであれば、とりあえず行動してみるという意味からも、「とりあえずみんなと一緒に就職しておく」ほうがいいと思っています。

そのときは是非とも**就職活動の面接で「なぜ我が社を選んだのですか?」に嘘をつかないで答えてください。本当のことを言うことが大切**です。

「大企業に守られたい」と思って選択したのなら、それを正直にぶつけてください。

人事部の面接官も、安定を求めてその会社を選んだだけかもしれませんから。

「自分の欲に
突き当たるまで、
なぜ？
を繰り返す」

NO. 15

『なぜ？』がなくなるまで、論理的に考え続けると、
最後は自分の欲に突き当たります。
『なぜお金が欲しいのか？』の答えを自問自答で繰り返し、
「美味しいものが食べられるから」とか
「きれいな女性とセックスできるから」という、自分の欲望に
突き当たったら、それが正しい目的になるわけです。
大切なのは、自分の欲に突き当たるまで、
自分の目的を分析することです。

『なぜ？』を繰り返した答えが、〝欲〟まで突き当たると、そこから先は論理的な回答ができなくなります。

すなわち、答えの到達点ということになるのです。

だからこそ僕は、**論理的な回答が導き出せなくなる〝欲〟に突き当たるまで、自問自答を繰り返せ**と、みなさんに伝えているわけです。

逆の言い方をすると、**自問自答した答えが欲に突き当たったら、それ以上は考えるな、**ということです。

人間には、４つの欲があると思っています。

『寝たい、食べたい、セックスしたい』という3大欲求に『楽しいことをしたい』をプラスした〝4大欲求〟です。

もちろんプラス1の『楽しいことをしたい』は、人によって千差万別です。

絵の好きな人は、『絵を描いていれば楽しい』に突き当たりますし、山登りをする人なら、『山の頂上から見る景色が楽しい』とか、『山道を歩くのが楽しい』という答えに突き当たると思います。

このように、何かをしたいと思ったら、自分の欲望に突き当たるまで自問自答を繰り返すことがもっとも重要です。

そして、**突き詰めた答えが、『誰かを喜ばせたい』という自分以外に辿り着いたときには、その答えや目的が間違っていることに気付いてほしい**のです。

『学校の成績を上げたい』の答えが、『頭がいいと異性からモテるから』とか『将来パイロットになりたいから』という自分の欲なら正しいのですが、『母親の笑顔が見たいから』など第三者に行きつくようでしたら、それは答えが間違っているのでやらない方がいいでしょう。

最後の目的が、自分の欲を満たしていないと、永続的な力にならないのです。

『他人の笑顔が見たい』は、自分がやりたいことではないことをやってしまっているわけです。

自分が真にやりたいことではないので、当然ながらやる気も起こらないし、失敗したときに、「あなたのために僕はこんなにも頑張ってきたのに」とか「あなたの言うことを聞いて生きてきたのに、責任を取れ！」など、相手への恨みが募るだけの悲惨な結末を迎える可能性もあります。

大切なのは、自分の脳が喜ぶことです。

幸福感は、本能や欲望を満たしたときに得られるのです。

他人のために何かをやっている人は、自分が楽しいと思うことをやっている人とは温度差があるため、同調しなくなります。

人間の行動の約9割は、欲に向かって無意識に行動していると思ってください。

「痩せたい！　痩せたい！」と言いながらも、ダイエットもせず食べる人は、『痩せたいという欲』よりも『食べたいという欲』の方が勝っているだけなのです。

人間なんて単純な生き物です。自分の普段の行動に対し、欲に突き当たるまで自問自答を繰り返せば、ものすごく合理的な生き方ができるはずです。

合理的な生き方をしないと、能力の高い人と友だちにもなれませんし、繋がることすらできないのです。

前にも言いましたが、「働きたくないなら働かなくていい」のです。

その代わり、『働きたくない理由』について、とことん突き詰めて考えて欲しいのです。

その答えが「一日中ゲームがしたい」ならば、楽しみたいという欲求なので、働かないで家で一日中ゲームをしていればいいのです。

一番危険なのが、「何もしたくないから」という答えです。

人間が一番嫌うことは、何もしないことです。

「何もしないで、ただここでジーっと立っとけ」と言われたら、苦痛でしかないわけです。

もし『働きたくない理由』が、『何もしたくない』に行きついたとしたら、『大人になったら働かなければいけない』という一般常識という洗脳に対するストレスから、『働きたくない』という欲求が出ているだけかもしれません。

これってある種の病気だと思いませんか？

世の中の常識を疑い、徹底的に分析し、自分の欲望と照らし合わせることが大切です。**幸せか不幸かを決めるのは、自分自身であって他人ではありません。**

1億人から「あなた不幸ね」と言われても、本人が「働かなくても毎日ゲームができるから最高に楽しい！」と思うのなら、鉄の意志でゲームをやり続ければいいだけの話です。

「お金をかけないで強くなる方法を死ぬ気で考える」

NO. 16

実は参議院選挙に出馬したとき、僕が選挙にかけた費用はたったの17万円でした。

ハガキ代とハガキにシールを貼る人たちのお弁当代くらいです。

語弊があるかもしれませんが、政見放送が400万回再生されたため、むしろ儲かってしまいました。

「選挙でお金を使うから政治家は腐敗してしまう」というのが、僕の行き着いた結論であり信念です。


当選するために大量のお金を使った議員は、後々、政治献金として**お金を寄附してくれた支援者の意見に迎合しなければならなくなります。**

だからこそ僕は、**インターネットの力を借り、選挙にはお金をかけません。**

前にも言いましたが、**お金ではなく知恵を使う**のです。

いまあるお金で、いま使えるお金で、強くなる方法を考えるのです。

お金を使わないということではない、ということを間違えないで欲しいのです。

お金は武器ですから、まったく使わないで戦うことはできません。

使う金額をゼロにする方法を考えるのではなく、いま使えるお金を最大限に発揮する方法を死ぬ気で考えるのです。


お金があると、人間は知恵を使わなくなります。

選挙においては、チラシを配るとか、新聞やテレビに広告を出すとか、戦略に頭を使わなくなり、当たり前というか王道で攻めるようになります。

でも、チラシを印刷するお金も、広告を出すお金もないのなら、別の方法を考えるしかないわけです。

いま**自分が自由になるお金で、効率良く戦うにはどうしたら良いのか。そこにバンバン知恵を使え**と言っているわけです。

自分に与えられたアイテムが刀一本しかないのなら、体を鍛え、剣術を磨いて刀だけで勝てる戦い方をするしかないのです。

お金が増えたら刀を機関銃に変えていけばいいのです。

今あるお金を使いながら、知恵と掛け合わせていくことで、持ち金に見合った戦術に変えていくということです。

そして**僕が使う知恵というのが、インターネットであり、支持率2パーセントだけを狙うという戦術**です。

N国党は与党になりたいわけではありません。

自分たちが掲げる公約を達成するために、お金をかけない効率的な戦術で戦えばいいのです。

最近は、ニッチな市場をターゲットに、少数精鋭で質の高いサービスを提供していくスモールビジネスが広まりつつあります。

ニッチな市場がターゲットなのに、少し業績が上がったからと社員数をバカみたいに増やし、広いビルのワンフロアーへ移転して、売り上げが5千万円しかなかったくせに、「来期は10億円を目指すぞ！」なんて調子こいてたら、あっという間に会社は倒産してしまうわけです。

ニッチな市場にはニッチな市場に見合った売り上げと会社の規模があるのです。そこを正しく理解せずに、会社を大きくしたいという理由だけで、社員数を増やしたり、オフィスに見栄を張ったりしてもまったく意味がないんですよ。

N国党が支持率2パーセントだけを狙うのには、そのような理由があるのです。

そしてこれからは、**選挙にお金をかけない政党が強くなる時代が確実にやってきます。選挙にお金をかけなければ、忖度《そんたく》をしない政治ができる**のです。

わかりやすい例で説明すると、市議会議員選挙では選挙カーを使わなくても当選することができます。

寝ている赤ちゃんが起きてしまう、勉強中の受験生の集中が途切れる、無駄なお金を使いたくないなど、理由はいろいろありますが、「私は選挙カーを使いません」とポスターや広報誌に書くだけで、当選する場合があります。

これは、『選挙カーを使わない』という行為を、評価してくれる人たちが一定数存在するということです。

このように僕たちは、選挙の準備期間中にも、本番中にもお金をかけません。**この信念を貫けば、即効性は期待できないかもしれませんが、必ずインターネットの力で有権者のみなさんのところまで僕たちの考えていることが届くと信じている**のです。

自分たちのやっていることに正しいという自信があるからこそ、お金をかけないで、無料のインターネットでアピールを繰り返しているわけです。

インターネットで発信すれば、時間はかかりますが多くの人たちがアクセスし、着実に広がっていきます。

僕たちは選挙や政治にお金をかけないからこそ、「支持してくれる多くの国民のための政治ができます」と、胸を張って言えますし、N国党の信念が理解される時代がやってくると、心から信じているのです。

国から政党交付金を貰っておいて、政治資金パーティーで寄附を募るというのは頭おかしいと思いませんか？

政治資金パーティーに2万円もかけて参加させるということは、「2万円を出せない人の意見は聞きませんよ」と言っているに等しいと思うわけです。

それって、**「貧乏人の言うことは聞きませんよ」というのと同じこと**ですよね。

「草野球も監督と選手は別々が常識」

NO. 17

選挙と政治は分離して考えます。
『選挙が得意な人』と『政治が得意な人』が、
必ずしもイコールではないからです。
人生を幸せにする本を書ける作家がいたとしても、
本が売れなければ多くの人を幸せにできないのと同じです。
それぞれを得意な人がやればいいのです。
僕は選挙が得意だから、今後は裏方に回って
選挙コンサルティングのような役割を担っていく予定です。

いまは、野球にしても、政治にしても、集団でチームとして戦うわけですから、それぞれがそれぞれの得意な分野を担当する『One Team』で戦うことが求められます。

要するに、**バカが政治家をやっている時代を変えたい**、と思っています。

僕が見る限り、ポテンシャルが政治家の能力に達していない人たちが、政治家のバッジを着けている気がするのです。

政治家は、政治家のポテンシャルを超えた人がなるものであって、能力の低い人が選挙で政治家のポジションを得るという構図は間違っているということを、みなさんに知ってもらいたいのです。

しかし実際は、**政治家は多数決で選ばれるため、バカがバカを選んでしまうわけです。いまの世の中、バカが多数派だから、そのような残念な結果になってしまう**のです。

本当の自分、醜い自分を隠し、「私はあなたたち大衆のために、誠心誠意尽くします！」と、いろいろなところで嘘をつくのが、いまの政治家です。

「国会議員の先生も、こっちでは反対と言っておきながら、こっちでは賛成と言っているでしょう。こんなふうに、二枚舌を使う大人がすばらしいのよ」と、子供に教えているようなものです。

それが今の日本の政治であり、**多くの政治家は二枚舌を使える人たちの集まり**と言ってもいいと思います。

有名なのが、『民主党のブーメラン』です。

みなさんもご存知のように、これはおもちゃのブーメランでなく、与党批判や攻撃が自らにはね返ってくることを言います。

ホームルームの時間に、「A君は学校の帰りに買い食いをしている悪い生徒です」と先生の前で非難したB君が、数日後には自らが買い食いをしている現場を先生に見つかってしまうようなものです。

かつては民主党の党員に多く見られましたが、いまでは民主党に限ったことではありません。

このように、**能力の乏しい、二枚舌を使う八方美人が政治家をやっている**のが現状です。

だからこそ僕は、**能力のある人を政治家としてスカウトしたい**のです。

優秀な監督がドラフトなどで、能力のある選手を集めてくるのと同じです。

日本人は嫉妬からか、お金持ちを嫌う傾向がありますが、僕はお金持ちを嫌ってはダメだと思っています。

たくさん稼いで高額な納税をすることで、障がい者や子供たちを助けてくれているんですよ。それなのにお金持ちを嫌ったらかわいそうじゃないですか。

お金持ちで嫌味に見える人でも、女性スキャンダルがあった人でも、政治家としての能力が高ければ、どんどんその能力を活用した方がいいというのが、僕の考えです。

監督が野球の試合に出ないのと同じように、僕も今後は出馬しない方向で考えています。

それに僕はあまりにも嫌われ役として目立つことをしてきましたからね。

今後は裏方として優秀な人材を集めるスカウトに徹するべきだと考えたのです。**政治の世界でも分業が大切**だということです。

野球は走るのが速い人、打つのが得意な人、守備が得意な人など、**それぞれの分野に一流選手が集まっている組織のほうが絶対に強い**わけです。

もはや、走攻守がそろった**平均的な人材を求める時代ではありません。**

政治の世界でも、選挙や政策は、それぞれ専門の方が担当すればいいのです。

僕は、**法律を作る専門の人、お金を稼げる人、票をとれる人を連れてきて、専門性の高い最強の『Ｏｎｅ Ｔｅａｍ』を作りたい**と思っています。

そういう人たちをスカウトするのが、僕の役割なんです。


これには、**インターネットの普及によって、超一流の人を見つけることができるようになった**という背景があります。

世の中には、能力の高い人材がまだまだ埋もれています。

たとえば、法律を立案できるような能力の高い人材は、インターネットの時代でないと集められないと思います。

個人がインターネット上に書いた記事を見て、それがたとえ人気がなかったとしても、優秀だと思えば、ネットを通して迅速なやりとりができるのです。

このように**優秀な人材を簡単に探し出すことができる時代だからこそ、優秀な人材をマネジメントすることで、Ｎ国党を強い組織にしていくことができる**のです。

第5章

人心掌握力

成功している人と
たくさん会って、
コミュニケーションを増やす。
一番付き合ってはダメな人は
愚痴を言う人たちです。
マイナス的なことを
言う人とは付き合わない
ことが重要です。
大切なのは、数より質です。

「相手の未来だけでなく過去もすべて肯定しろ」

NO. 18

口説きたい相手がいるのなら、相手の過去を知ることが重要です。いままでどんなことをしてきたのか、どんな成功を経験し、どんな失敗をしてきたのかという過去を知るべきなのです。自分のことを全く知らない相手から、「好き」だなんて言われても、気持ち悪いだけじゃないですか。

一緒に仕事をしたい相手がいて、その人を口説きたいのなら、**『この人に好かれたい』という発想を持った時点で、相手の過去も含めて好きになることが重要**です。

相手の過去に共感を覚えたからこそ、そのときに犯した失敗までも受け入れることができるのです。

たとえば徳川家康のことが好きな人は、武田信玄にボロクソに負けた『三方ヶ原の戦い』での失敗も含めてすべて好きなわけです。「30歳までの徳川家康は嫌いだが、それ以降の家康は大好き！」というような話を僕は聞いたことがありません。

人間誰でも過去に失敗の一つや二つはあるでしょう？

僕だって摂津市議会議員選挙の落選など、失敗した過去があるからこそ現在のN国党党首としての立花孝志があると思っています。

だからこそ、**付き合いたい、一緒に仕事をしたいと思っている人の過去の失敗までもすべて肯定し、共感してください**ということなのです。

相手の過去まで知っているからこそ、いま何を考えているのかを容易に想像することができ、先を見据えた提案ができるわけです。つまり、**過去の失敗を知り肯定することは、未来の提案ができることに繋がる**のです。

関ヶ原の戦いで勝利した徳川家康に、今後の未来図についてプレゼンをする機会があったらみなさんはどうアプローチしますか？　当たり前ですが徳川家康がどのような考え方をする人なのか、その背景にあった出来事は何かなど、過去をしっかりリサーチして把握していなければ、相手の心を揺さぶるようなプレゼンなんて、できるはずがありません。

大切なのは、**『未来の提案に繋げる』ということ**です。

「僕と組めば、こういう未来を描けます」というような前向きな提案を、相手主導（ここは相手の顔色を伺いながらでもいいので）で提示すればいいのです。

提案した後で、自分が思い描いていた未来とは違う未来を描く人だとわかったら、そのときは諦めればいいだけの話なんです。

考えを変えてまで好かれる必要はありません。

嘘の自分を好きになってもらっても、メッキはすぐに剥がれてしまいます。そこまで迎合する必要はないのです。

ただ、過去の成功だけでなく失敗までも肯定できる相手であれば、そこから先、思い描く未来が大きく違っていた……ということはおそらく少ないと思います。

多少のズレはあったとしても方向性が一緒なら、それぞれがそれぞれの得意な分野で活躍しつつ、共通の未来を描いていけばいいのです。

「あなたはピッチャーをやってください。僕は四番バッターで得点を稼ぎますから」というビジョンが描けるわけです。お互いの目標は、チームを優勝に導くこと。役割は違いますが同じ目標に向かって一致協力しませんか？　という話し合いができるのです。

そのためには、過去を肯定し、未来を共感し、とにかくでしゃばらないことです。**でしゃばるのが一番ダメで、好かれたい相手には待つことも必要**だと思っています。「私はあなたのことが好きです」という思いはしっかりアプローチしないとダメですが、し過ぎないということを頭に叩き込んでください。

たとえば好きな異性がいたとして、「私はあなたのことが好きなので、毎日お弁当を作ってきます」とか、「俺はお金持ちだから、結婚したら君に豪邸をプレゼントするよ」など、最初から強火でアプローチし過ぎないことです。

「あなたと一緒に仕事がしたい」「あなたと結婚したい」ということをふわっと弱火で出し続けるだけでいいのです。そして、**たとえ相手が前向きに反応してくれたとしても、すぐに食いつくようなことはしない**こと。たぶんここが一番難しいと思います。

失敗する人の多くは、相手の前向きな反応に対して、ここぞとばかりに猛アプローチをしてしまうのです。

相手の気持ちが10のうち、まだ2や3のときにドンドン攻めてしまうから、なんだか急に怖くなって、せっかく傾きかけた心が離れていってしまうのです。

「もしこの人と一緒に仕事をしたら、もっといろいろなことを求めてくるんじゃないか」という『警戒心』が働き、それなら最初から断っておこうとなるわけです。

ちょっとした知り合いでも「私はこういう資格を持っていますから、何かあったときにはお声がけください」と言われていたら、今は必要なくても、どこかで必要になったときに思い出して連絡を取るじゃないですか。

そこまでじっと待ち続けられるかどうかです。

そして僕から連絡をしたときにはじめて、「立花さん、私のことを覚えていてくれて、私を使ってくれて嬉しいです！」という感謝の気持ちだけを伝えるのです。

このとき、「協力してあげたんだから、何か見返りをください」というようなニュアンスの言葉を相手から言われると、僕から連絡することは二度となくなるわけです。

これが食い気味になったことで招いた失敗になります。

相手と自分との熱量を客観的に見る、というのが鉄則ということを覚えておいてください。

「成功する人はトライ＆エラーを恐れない」

NO. 19

〝トライ&エラー〟は和製英語で、正しくは〝トライアル・アンド・エラー〟と呼ぶそうです。いずれにしても〝試行錯誤〟の意味で使われます。試行錯誤ですから、トライの前には、やりたいことを頭の中でイメージし、何度も繰り返しシミュレーションすることが重要です。より具体的に頭の中で映像化するまで落とし込み、成功パターンと失敗パターンの両方を経験しておくのです。

僕は、選挙に立候補する前には、勝ったときと負けたときのことを頭の中で映像化するようにしています。そして、これならどちらに転んでも大丈夫という確信が持てたときにだけ、実際に立候補してトライするようにしています。

当たり前ですが、大勝したとき、ぎりぎりで勝ったとき、惜敗したとき、惨敗したときなど、**頭の中でイメージできる全パターンを想定するようにしています。**

頭の中で想像し、結果を想定することは、誰でも簡単に短時間でできるだけでなく、お金も一切かかりません。

その代わり、**頭の中で思い描いたことが、できるだけ現実に近くなるような、シミュレーションのための裏づけや確信が欲しい**わけです。

実はそれが数字なんです。

選挙でいえば、過去の実績やライバルの状況といった数字です。

何の裏づけもないただの空想だけでシミュレーションをしても、まったく意味がありません。

ラーメン屋を開業するときには、開業予定地周辺にある同業のラーメン屋の数や、人通り、年齢層、お昼時や夕食時の人の流れなどを事前にしっかりリサーチし、いろいろな要素を考慮しながらシミュレーションするわけです。

単純に、日本のラーメン屋の平均売り上げがこれくらいだから、この味なら最低でもそれの80％ほどは稼げるだろうという、根拠のない自信とどんぶり勘定で開業しても、思い通りの結果になるはずがありません。

数字という裏づけをもとに、頭の中で映像化し、どういう結果が起こり得るのか、絶対に想定しておくべきなのです。

しかも**最悪の状況まで想定していれば、覚悟を持って挑戦できる**わけです。

そのためには、最悪な結果が出たときに、自分がどういう状況に陥るのかというところまで映像化し、シミュレーションすることが大切になります。

それで**大丈夫だと思ったときだけトライする**のです。

そこまで想定ができているのなら、たとえエラーをしても問題ありません。

単純にトライをしてすぐにエラーとなり、『ダメだったからまたゼロからやり直せばいい』という考えが一番いけません。

前にも言ったように、ゼロからやり直すのは、かなりの労力と時間がかかります。

また、トライにはお金がかかります。

想定できる範囲内でのエラーなら、修正や補正だけで済むわけです

お金は使うと減ってしまうため、「ここでこれだけのお金が減ったら、その後どうなる？」というところまで想定してからトライしてください。

そこまで想定してのエラーであれば、そのエラーを分析して次に繋げればいいだけの話です。諦めなければ、すべてのトライとエラーは成功に繋がるのです。

僕の場合は、最初の選挙の摂津市議会議員選でものすごいエラーをしてしまい、500万円以上のお金を失いました。

これだけのお金を使ったにもかかわらず惨敗。株などで集めたお金が相当減ってしまいました。

そこで今度は、お金を使わない方法を考え、町田市議会議員選挙に立候補したわけですが、ここでもエラーをしてしまいました。

それでも摂津市と町田市の結果を分析したときに、「時間さえかければいける」という手応えを感じたからこそ、トライし続けたわけです。

次の戦略として僕は、松戸市の市議会議員選に関さんという僕以外の人間を出馬させることにしました。

お金をかけずに、僕以外の人間が立候補して、僕がしゃべったらどうなるんだろうとトライしてみたわけです。

そのときは、立候補者の顔写真も出さず、名前も小さく記載しただけのポスターで戦いましたが、それでも松戸市で十分な手応えを得られる票を獲得することができたため、「次の船橋市の市議会議員選は大丈夫」という確信に繋がったわけです。

いわゆるこれがトライ＆エラーの成功例です。

トライ＆エラーではなく、僕が否定している『ダメだったらゼロからやり直せばいい』という考えも、失敗したときの覚悟さえあれば挑戦自体は悪いことではないと思っています。

この国で生活している以上、立ち直れないほどのエラーだとしても、最後は生活保護が救ってくれるからです。

ただ、守るべき家族や従業員がいると、生活保護が救ってくれるなんてのんきなことも言っていられませんから、「トライしない」という選択肢も含めてエラーを計算する必要はあります。

まとめると、『**失敗しても大丈夫なトライは、しっかりとエラーを想定してから挑戦する！　トライ＆エラーを恐れない！**』です。

「愚痴を言う人とは付き合うな」

NO. 20

優秀な人と出会いたいのなら、出会いの数を増やすことです。
そのためには、くだらないと思うような飲み会でも、
できる限り参加することをお勧めします。
１０人の中から探すより、１０００人の中から探した方が
自分にとってプラスな人と出会える確率が高くなるからです。

たくさんの出会いを作って、たくさんの人と仲間になれと言っているわけではありません。

たくさんの出会いがあれば、自分にとってプラスになる優秀な人材と出会えるチャンスの確率が上がると言っているのです。

付き合う人は、**数よりも質**なんです。

『**たくさんの人と仲間になろう**』**という考えは、捨てた方がいい**と思います。

特に**相手にしてはダメな人間は、愚痴を言う人**です。

飲み屋で愚痴を言って傷を舐め合っているサラリーマンを目にしますが、僕に言わせると、「愚痴を言うくらいならサラリーマンを辞めればいいでしょう」ということです。実際に僕もサラリーマンを辞めているわけですからね。

もちろん家族を守ることが一番の正義という人もいます。

その考えを否定する気はありませんが、家族を守るためにサラリーマンを続けるという覚悟を決めたからには、愚痴など言わずに開き直って前向きに生きればいいじゃないですか。

愚痴には愚痴が集まり、マイナス面しか生まれません。

成功したいのなら、愚痴を言う人とは絶対に付き合わないことです。

誤解して欲しくないのですが、僕は愚痴を言う人が不幸だとは思っていません。

愚痴を言うことが、『その人にとっての幸せ』だからこそ、あんなに飲み屋で盛り上がれるわけです。

「職場で上司から無理難題を言われた」と、飲み屋で上司の悪口を言うことがその人の幸せならば、それはそれでいいと思います。

ただし、みなさんが**成功者を目指すのであれば、愚痴を言う人になったり、愚痴を言う人と付き合ったりしない**でと、言いたいだけです。

愚痴は発明の原点です。

愚痴は、不満などのストレスのはけ口ですから、**すべてのビジネスの出発点**だと思っています。

実際、インターネットには愚痴などの不満を買い取ってくれるビジネスも存在しています。

その会社は、インターネットを使って会員から有料で集めた愚痴や不満を、企業や自治体などの商品やサービスの改善活動に使われるように、企業ごとに加工して売っているのです。

このようにストレスを発明に繋げ、利益を得ている人もいるのです。

飲み屋でお酒のつまみに愚痴を言って満足するのではなく、愚痴なんか言わずに、心にある不満をビジネスの出発点として、活用する側になれ！　と、言っているのです。

正直、**愚痴を言うことでストレスを発散する人に進歩はありません**。

僕は**〝愚痴〟が悪いのではなく、〝愚痴を言う人〟**に近づかないほうがいいと言っているのです。

愚痴を言う人は、『周囲から同調されたいから愚痴を言う』ところがありますよね。

僕なら、「そんなに課長のことが嫌いだったら、会社を辞めて独立しちゃえばいいでしょう」と言って、絶対に同調しません。

だから、僕に愚痴を言う人は逆にイライラすると思いますよ(笑)。

「あなたが好きで行ってる会社ちゃうんか」と、声を大にして言いたい。

「別に会社から来いと命令されているわけじゃないでしょ？　自分で選んで行っているのに、何で課長の悪口言うの？　課長の悪口を言うくらいだったら、課長を助けてやれよ！」と、僕だったら反論したくなりますね。

しかし飲み屋で一緒に愚痴を言い合う仲間は、「わかる、わかる。うちの課長も一緒だから」と、こうなるわけです。

もうそこから先は、悪口のオンパレードですよ。

もちろん、そのときは気持ちがスッキリするわけで、まさにその場の快楽しか求めていない人間同士の集まりになるのです。

これって、**目先の利益を求めているのと同じ**だと思いませんか？

愚痴を言っている瞬間は、お酒も美味しいし、幸せな気持ちになれますが、何の進歩にも、解決にもなっていないのです。

そんなことを繰り返して死んでいく人は、犬や猫のように生きているのと同じじゃないですか。

大切なのは、**周りに愚痴を言う人がいたら、その組織やグループに入らないように、普段から意識付けしておく**ことです。

成功者になりたければ、目先の結果にこだわるようなことはせず、長期的なビジョンで考えて、何が最良の道なのかを見極めて歩んでいくことです。

第6章

統率力

これからの時代
統率力で必要となるのが
『面白ければいいじゃん』
という考え方。
もちろん他人に迷惑をかけない
ことが大前提で、かつ世の中の
役に立つ内容なら最高なわけです。
これが多様性を認めた
生き方なのです。

〝面白ければいいじゃん〟という考え方

NO. 21

ただ〝面白ければいいじゃん〟ということではありません。
誰かの迷惑になっていないことが最低条件であり、
このことは100％厳守しないと意味がありません。
さらに〝面白ければいいじゃん〟が
少しでも社会の役に立っていれば言うことありません。
これは多様性を認めることと同じなのです。

政治家は楽しんではいけないのでしょうか？　世間では、『政治家は品行方正じゃないとダメだ！』というイメージが定着しているように思えますが、**僕はそのちゃぶ台を見事にひっくり返してきた**わけです。

言いたいことを言っているので、本当に楽しく活動ができています。

『**楽しく生きることを国民に見せる**』**ことも、政治家の役割**なのではないか、そして、

政治に興味がない若者たちに、少しでも政治に目を向けてもらえる一助になっているのではないかと自負しているのです。

「立花孝志が楽しく生きているから、自分も楽しく生きよう」と、少しでも感じてもらえることが、僕の喜びでもあるのです。


もちろん、世の中の一般常識に逆らうような行動をとる僕に文句を言ってくる人は大勢いますが、いまは無視するようにしています。

僕のことが気に入らないのならば、僕に関わらないで欲しいのです。

「あなたはあなたが楽しいと思う世界で、自由に生きてください」という考えです。

これがインターネットの時代の生き方だと思っています。

僕は、YouTubeの動画でもツイッターでもこれを実践していて、YouTubeのコメント欄も削除しましたし、ツイッターでもがんがんブロックするようにしています。

前述した人間に備わる『寝たい、食べたい、セックスしたい』という3大欲求に『楽しいことをしたい』をプラスした4大欲求ですが、『**楽しいことをしたい**』**という欲求**

は、進化した人間の特権だと思っています。

じゃれあうことは他の動物にもあるかもしれませんが、進化してきた過程の中で、人間が特に発達してきた部分ではないかと思うのです。

しかも、**『楽しいことをしたい』は千差万別であって、まさしく多様性を認める**ということなんです。

本人はいたって真面目でも、周りから見たらバカだと思われていることってたくさんありますよね。

『石を集める人』とか『クモをたくさん飼っている人』とか、周りからはなかなか理解されにくいですが、本人にとってはめちゃくちゃ楽しいことなんです。

これが多様性で、周りの迷惑になっていないのなら、石を集めている人に対して「1円の価値もないような収集はゴミを集めるのと同じでくだらない」と否定することは間違っているのです。

自分とは感覚が違うだけで、その人にとっては楽しいことであり、欲求が満たされることなんですから。

誰にも迷惑をかけていないのなら、相手を認めてあげましょうということです。

それができない人は、完全に常識という枠にとらわれて柔軟な考えができなくなっている人だと思います。この本を読んでくれているみなさんは、そんな人間ではないと信じています。

多様性を認めた先に、新しい発想が生まれます。

クラゲから緑色蛍光タンパク質（ＧＦＰ）を発見して、ノーベル化学賞を受賞した学者がいらっしゃいましたが、この研究のために85万匹以上のオワンクラゲを捕獲したと話題になりましたよね。

クラゲ？　と思うかもしれませんが、社会の役に立つ研究にまで辿り着いて、それが認められてノーベル賞まで受賞するなんて本当にすばらしいことです。

僕は、**他人の利益を侵害しない『面白ければいいじゃん』が広まって、多様性を認める社会が根付き、新しい発想で社会がより豊かになる**ことを期待しています。

企業でも『ダイバーシティ』という言葉で多様性が重要視されています。

いまや多様性は、企業の成長には欠かせないと、その必要性が叫ばれていますが、日本の企業では女性や障がい者の雇用、子育て支援など、労働人口の減少を防ぐためのマンパワーの確保を目的にしている傾向が強いように思えてなりません。

おまけにスローガンだけで多様性を推進しているため、会議になればインターネットのＳＮＳのごとく言いたい放題、自分の意見をただぶつけるだけで、他人の意見を前向きに発展させることもできないといった、間違った多様性の使い方をしているという話も耳にします。

また、方針の違う人を、組織から排除するような本末転倒なことをしているところもあるそうです。

多様性とは、多数派や少数派という枠から飛び出し、各々の面白いと思うことや考えを受け入れて否定しないことです。

多様性を理解するには、この地球上には実にさまざまな人がいるということを知ることから始める必要があるのです。それがベースにあってこそ、**互いの個性を尊重することができ、多様な視点が生まれ、議論が活発になる**のです。

結果、**アイディアの相乗効果により、新しい発想に辿り着くことができる**のです。

「人間関係の問題を解決しようとするな」

NO. 22

波長が合う人間とだけ付き合えばいいのです。
N国党内に派閥ができたとしても、僕はいいと思っています。
喧嘩をするのも自由です。
喧嘩をしたからと言って、無理に解決する必要はありません。
そんなことは流してしまえばいいのです。
仲が悪いままでもかまいません。
世の中にはいろいろな考え方があるわけですから、
無理にどちらかが折れる必要はないのです。

学校でのいじめも同じで、狭い世界で解決しようとするから、新たないじめが発生してしまうのです。

もちろんいじめの場合は、被害が少なくなるような対策は必要ですが、いじめられたからと何でもかんでも解決しようとしないで、**人間関係の問題ならば、我慢しないでそこから逃げてもいい時代**だと言いたいのです。

僕の娘は、中学と高校には行かず、大学から行きましたからね。

こういうことを言うと、「〝教育の義務〟〝勤労の義務〟〝納税の義務〟があるんじゃないんですか？」という人がいらっしゃいますが、憲法は国に対して義務付けているわけであって、国民一人ひとりに義務化しているわけではないのです。

国に対して、「学校を作りなさい」とか「仕事ができる環境を作りなさい」とか「税金を徴収しなさい」という意味なのです。

人の迷惑になるようなことをしなければ、誰にでも楽しい人生が待っているんです。

人間が二人集まれば、たとえ夫婦でも喧嘩をするわけで、争いごとは大きい小さいにかかわらずどこででも発生します。

職場でも同じです。大きな目標に向かって話し合いをしているときに、内輪での喧嘩を議題にしてまで白黒つける必要はないのです。

だって職場や家庭、学校は裁判所ではないのですから。

話し合うことを相手が拒んだとしても、それはそれで相手の権利なのです。

逆に相手が拒んでいるのに、無理やり答えさせるのは強要ですよね。

だったら、**たとえ自分が気に入らなくても、自分が理解できなかったとしても、他人に迷惑をかけていなければ、自由にやらせておけばいい**のです。


昔は、村八分になると水が貰えなかったこともあり、問題が起こると解決する癖がついていたのです。

農家で水が貰えないと生きていけないわけですから当たり前です。

いまの時代は、お金さえ払っていれば水が出ないとか、電気やガスがつかないなんてことは起こらないのですから、**人間関係の問題については解決しない癖をつければいいだけ**なのです。

もちろん、なぜ？　を突き詰めた結果、この人間関係を解決しないとやっていけないという結論がでたのならば、解決するために全力で取り組む必要はあります。

ですから、**解決する必要性があるのかどうなのかを、見極めることは大切**です。

解決する必要性がないと判断したのなら、解決しなければいいだけなのです。

みなさんもご存知のように、この戦法は自民党がやっていて、成功しているんですよね。問題を解決せずに先送りにしているでしょう？

実はこれは正しいんです。

人は忘れる生き物なのです。人の噂も75日！　それを過ぎたら忘れてしまうのです。

解決せずに放置して、『逃げるが勝ち』でいいのです。

たとえ**逃げたとしても、生きていける人のほうが強い**のです。

現在の僕は、YouTubeでお金を稼ぐ必要がなくなりました。

しかし僕のことを批判してくるYouTuberたちは、僕を追いかけないとYouTubeの収入がなくなってしまうわけです。

これってまさに、逃げるが勝ちの典型ですよね。

批判してくるYouTuberと絡んでも、相手が儲かるだけで、僕は既に違うお金の儲け方をしていますから、同じ土俵に上がって相撲を取るだけムダな行為なのです。

基本的に、組織には弱い人が集まってきます。

だからこそ、人間関係をうまくやらないと生きてはいけないと思う事情はわかるのですが、嫌だったら無理をしないで、やめればいいだけなのです。

やめても新たなコミュニティを、インターネットで築くことができる世の中なのですから。最悪、仕事がなくなっても、生活保護という道があるわけですよ。

そもそも**人間関係を解決しようとすればするほど、無能な人たちに引っ張られて、マイナスになってしまう**ものです。

愚痴を言う人に引っ張られるのと同じです。

問題を起こしている時点で、相手には能力がないわけで、能力のない相手と無理に仲良くしても自分のレベルが下がるだけです。

「あの人のこと嫌い」とつぶやくのは、簡単に言えば愚痴じゃないですか。

前章でも言いましたが、成功したければ、愚痴を言う人には絶対に近づかないこと！

無理に人間関係を解決しようとしなければ、新しいステージに行けるはずです！

「リーダーは〝暇であること〟が、できる人間の時間術」

NO. 23

忙しいリーダーがいたら、それはバカな証拠です。
リーダーの役割は部下に仕事を任せることであり、
トラブルが起きたときに指示や判断をすることが
一番の仕事なわけです。
そのためには、普段からあえて暇な状態にしておくことが
重要なのです。

米アマゾン・ドット・コムの最高経営責任者であるジェフ・ベゾスCEOが、自身の仕事について語った「1日に3つの良い判断をすることだけを心がけている」という言葉に、この章で僕が伝えたいことのすべてが凝縮されていると思います。

しかも彼は、朝はリラックスして過ごし、会議は10時以降にしか設定しない、夕方5

時には帰宅するという生活を送っているそうです。

サラリーマンにとっては夢のような生活ですよね。理由は、**質の高い判断をすることがリーダーの一番の仕事であることを理解しているから**で、そのためには脳への充電となる睡眠時間をたっぷり8時間確保する生活が必須と判断しているからです。

昔、NHKに勤務していた頃は、僕も夜中まで仕事をしていました。

徹夜して作った企画書を翌朝見直してみると、信じられないくらいボロボロの内容だったなんてこともありました。

気分がハイになっていたのか、はたまた起きているつもりでも脳は寝てしまっていたのか……。そのときは最高傑作だと思って書き上げた企画書が、わずか数時間後にこんなにも自分を愕然《がくぜん》とさせる物へと化すとは、何ともバカげた話です。

やはり**最良の判断をするには、睡眠は絶対に欠かせない**ようです。

だからと言って無理に寝ようとしないでください。**眠くないのに寝ようとする行為はただのストレスにしかなりません**から。

質の良い睡眠をとるには、心身共に健康で、自然と眠りにつくことができる環境が大切なのです。

企業のトップであるジェフ・ベゾスCEOが下す判断には、可能な限り質の高い決断が求められます。だからこそ、睡眠時間や体調管理がリーダーにとって必要不可欠な項目だということを誰よりも理解しているのだと思います。NHK時代に僕が経験した『脳が半分機能していない状態』では話にならないわけです。

しかも彼は、自社の株価についても、短期的な株価の変動に一喜一憂するのは時間の浪費だとも語っています。

つまり、本当の企業価値は長期的評価でしか得られないことを知っているのです。

このように一**流の人間は、睡眠を大切にし、時間に余裕を持ち、長期的視野で行動することができる**のです。

最良の判断に必要な『柔軟で自由な思考とビジネス的直感』を研ぎ澄ますためには、日々の仕事に追われるのではなく、暇な時間を作ることが大切なのです！

僕の場合は、参議院議員のときが一番暇だったかもしれません。

仕事ができない人間ほど、「時間がない」とよく言っていますが、暇な時間は作ればいいのです。ただそれだけです。

僕の場合は、経理は経理の担当者に、YouTubeの撮影は撮影の担当者に任せるなど、**仕事を分業化する**ようにしています。

ただ、僕も「忙しいから」と理由をつけて仕事を断ることはあります。

YouTuberとのコラボなど、仕事の選別はしっかりしています。

目先の小銭にこだわって、長期的な目標に必要な判断力を鈍らせたくないのです。

もしかしたら**リーダーの素質には『頭がおかしい』ことも必要**かもしれません。

実際に僕自身、『頭がおかしい』ことは自覚しています。

誤解されては困りますが、これは〝**常識というものさしで考えない**〟ということです。

もちろん最悪の場合もしっかりと考える用意周到さは必要です。

常識にとらわれない自由で柔軟な発想ができるだけでなく、リスクも考えた最悪のパターンまで想定して行動できることが重要なのです。

そういうことができる人のところに、自然と人は集まってくるのです。

最後に。

部下には「責任は俺が取るから自由にやってこい！」と言って送り出すこと。

何かあったらリーダーが責任を取ることが大切です。

そもそも、トップに立つ人間はみんな孤独なんです。同じ党内の人間に対しても、党の仲間という意識はありますが、当然ながら『友だち』はいませんし、必要だとも思ってはいません。

現在のN国党は、トップである僕、立花孝志の独裁なのです。

そして僕は、必ずしも独裁が悪いとは思っていません。

先のジェフ・ベゾスCEOのアマゾンや故スティーブ・ジョブズ氏のアップルなど、独裁的な企業は世界中にたくさんあります。

カリスマ経営者とは、言い方を変えれば独裁者なのです。

独裁が良いとか悪いとかではなく、**会社や党の状況を正しく理解し、最良の決断を素早く下せるように常に準備をしておくことが、リーダーの一番の役割**だということを忘れなければ、それでいいのです。

第7章

革命力

いま投票箱に入っている半数以上が高齢者からの票です。この票をとりに行くことは即効性はありますが、槍で戦場に向かうのと同じで勝ち目はありません。僕たちが狙うのは、いま小中学生の若い世代。インターネットは鉄砲であり、そのうち時代がN国党に追いつくはずです。

成功とは
点ではなく線

NO. 24

成功とは成功し続けることです。

『価値ある目標』を見つけ、行動を始めた瞬間から、成功は始まっているのです。

一般的には、『大学入試に合格した』『選挙に当選した』というように、目標を達成した状態のことを成功と呼びますが、これはただの点であり、成功ではないのです。

僕の言う成功とは、点ではなく線なのです。


政治家になると決めて、選挙に向けて動きはじめた瞬間から、僕の成功は始まっています。

当選して、議員バッジをつけたときが成功ではありません。

ですから、点ではなく線という表現をしているのです。

やりたいことが見つかり、そこに向かって行動しているときって、すごく楽しいじゃないですか！

つまり、**目標に向かって行動を起こしたそのときから、すでに成功は始まっている**と思ってください。

僕の場合は、「政治家になるぞ！」と決心し、意気揚々と選挙管理委員会の事務局に電話をかけた瞬間です。

そこからが僕の成功の始まりなのです。

このようなことを言うと、じゃあ摂津市議会議員の選挙で落選したのは失敗じゃないのか？　と、多くの人が疑問に思うわけですが、**失敗も含めて成功ということ**です。

プロ野球選手が、3000本ヒットの記録を達成したとしても、「これは僕にとっての通過点です」とコメントするのと同じです。

一本目のヒットから始まり、打てなくて挫折を味わった日々、辛い練習など、

３０００本ヒットの記録を達成するには、これらのすべてが必要な要素だったわけです。

スランプに陥った時、その選手が苦悩する姿を見た周囲の人たちには『失敗』と映っていたかも知れません。

しかし、その失敗がなかったら新しい打撃フォームは生まれてこなかったのですから、まさに成功は、点ではなくすべてを含めた線なのです！

成功を点と考えている人に成功はない！　と断言してもいいです。


このように『成功とは継続しているすべての状態のことを言い、単なる点ではない』ということを、みなさんにも理解していただけたと思います。

そして、**この考え方は、すべての成功者に共通している**のです。

一つの点をクリアしただけで満足している人には、それ以上の進歩はありません。

僕の場合、「国会議員まで上り詰めたから、いまが最高」。「この状態を守り続けていればいいんだ」と**現状に満足していたら、そこがピークとなり、後は下り続けるしかないわけ**です。

これでは、ひとつの成功だけに満足したただの太った豚です。

不満足なソクラテスというか、成長を目指す人間は、**達成する度に、次から次へと新しい目標に向かって進んでいく**のです。

一つの目標の達成が見えた段階で、次の目標が設定できているわけです。


僕はよく周りから、「やっていることに統一感がなくブレブレだ」と言われますが、僕からすると、**新しい目標に向かって次なる動きを始めただけ**なのです。

あるとき、〝みんなの党〟に改名すると言ったら、ブレていると非難されました。

僕の中では、N国党が政党要件を満たした時点で、NHK放送のスクランブル化を確信しているわけです。

そしていまは**その先の目標として、『正直者がバカを見ない未来のための政党』を作り、満足のいく結果が得られたら、政治家を辞めるつもり**でいるのです。

いまはそこに向けて発信しており、この『発信』という行動を起こしていること自体、まだ達成はしていなくとも成功なのです。

世の中には、成功の原則を知らない人が本当に多いと思います。

残念ながら、成功の定義がわからない人が成功することはありません。

逆に、**成功の定義さえ理解していれば、失敗を恐れる必要がなくなる**のです。

失敗の数が多ければ多いほど、より先の成功を得られることを知っているわけです。

そして、成功は点ではなく線だということに気づくと、目の前の結果に何の意味もないことがわかるのです。

この考えこそが基本中の基本、原点中の原点になります。

世の中には、本当に目の前の結果しか見ていないバカが多すぎます。

選挙に当選したから言うわけではありませんが、政治家にとっては当選する前のプロセスのほうが重要なのです。

当たり前ですが、当選した後に何をするのかが、政治家としての責務になるのですから。

当選するだけで満足してしまい、**先のことを真剣に考えていないような政治家に、自分の未来を託したいなんて思う人はいない**ですよね。

「他人の迷惑にならないのならやりたいことをやればいい」

NO. 25

みなさんの人生ですから、『やりたいことをやればいい』のです。

それが、好きなこと、楽しいことなら最高じゃないですか。

時間の流れは常に一定ではありません。

「お金をやるからそこでじっとしていろ」と言われれば、時間は長く感じるし、好きなことをしていれば短く感じるのです。

大切なのは、時間が短いと感じることを見つけることです。

好きなことをやっていれば、眠くはならないはずです。


まずは、**やりたいことが社会の役に立っているか、なんてことは考える必要はありません。**

プラモデルを作ることが楽しければ、朝から晩まで、毎日プラモデルばかり作っていればいいのです。もしかしたら将来、プラモデルの達人として生きていけるかもしれないじゃないですか。

『何もしたくない』と思うなら、『何もしない』ことが、いまのあなたのやりたいことかもしれません。僕は『何もしたくない』状態になった経験がないので真実はわかりませんが、もしかしたらそういう人は、**本当はやりたいことがあるのに、自分に嘘をついて隠していたり、気がついていなかったりする**だけなのかもしれません。

自分のやりたいことをやれと言われても、何がやりたいのか全くわからないという人は意外に多いのではないのでしょうか？

どこに就職したいのか、自分が何の仕事に携わりたいのかわからないという声を多く耳にします。

〝自分探しの旅に出る〟と言って、日本一周したり、世界の秘境を旅したりする人もいますが、それって単に『やりたいことが旅に出ること』なのではないでしょうか？

仕事を辞めて旅に出ることの言い訳に、〝自分探し〟を使っているだけのように思えます。

もし、**本当にやりたいことが見つからないのなら、〝嫌ではないこと〟から始めてみるのが良い**と思います。

やりたいことを探すよりは、嫌ではないことを見つけることの方が、ハードルが低いかもしれません。

「寝るのは嫌ではない」とか「漫画を読むのは嫌ではない」とか、自分にとって嫌ではないことを思い浮かべてみるのです。そして、漫画を読むことが嫌ではなかったら、まずは漫画喫茶に通い続け、毎日漫画を読んで過ごしてみればいいのです。

立ち止まっていないで、動き出すことが重要です。

物理の授業で習いましたが、物は動き出すときに大きなエネルギーを必要とします。

これは、人間でも同じだと思うのです。

最初は大変ですが、いざ動き出したら環境も変わり、いろいろなことが見えてくるかもしれません。

毎日漫画喫茶に通っていたら、「そんなに漫画が好きなら、ここでバイトをすれば」と誘われるかもしれません。

そうやって**少しずつ、『嫌ではないこと』**から**『やりたいこと』**を見つけていくのも、ひとつの方法です。

そのときに気をつけたいのが、**『自分のやりたいことが、他人の迷惑になっていないか』**ということです。

他人の迷惑になっていなければ、好きなことをやればいいと思います。

僕なんか選挙中に徹夜で麻雀大会に出場したことがあります。

麻雀が死ぬほど好きというわけではありませんが、『選挙中に麻雀大会に出ちゃうような自分』が好きなんですよ。

そのときに思ったのが、**好きなことをしているときは、眠くならない**ということです。朝から晩まで街頭演説をして、立ちっぱなしで疲れているはずなのに、夜通し麻雀をしていても全然眠くならないのです。

人間なんてそんなものだと思いました。

やりたいこと、好きなことをやっていれば、時間もあっという間だし、眠気も襲ってこないのです。

過労死やブラック企業で病むのは、好きではないことを強要させられるから、体力の消耗というよりはストレスが原因のほうが多いのではないでしょうか。

僕もＮＨＫ時代に、内部告発後の社内いじめが原因で統合失調症と躁うつ病になった経験があるからわかるのです。

心の病は怪我などと違い、見た目は健康体のため理解されにくいのでとても辛い思いをしました。

だからこそ言いたいのです！

他人の迷惑にならないのなら、やりたいことをやればいいと。

僕は政治家になりたくて、公約を作ったのではありません。

自分がやりたいことをやろうとしたら政治をやらざるを得なかったわけで、結果的に『ＮＨＫから国民を守る党』を立ち上げることになったのです。

すべてはＮＨＫのスクランブル化を実現し、集金人によるトラブルを解決するためなのです。

「選挙に お金をかけない」

NO. 26

N国党が使うお金は政党交付金だけです。選挙に出馬すると、ポスターを作ったり、選挙事務所を借りたりと、運動資金が必要になりますが、僕たちが選挙で使うお金は基本的に供託金だけです。お金をかけなくても選挙で戦うことができ、しかも、忖度《そんたく》しない政治ができるのです。

供託金を支払えば、選挙カーも基本的には無料です。政見放送にも出演できますし、ポスターを貼ることもできます。僕たちが他の党と同じように、選挙運動にお金をかけてしまうと、企業の労働組合などから政治献金として寄附を集めないとならなくなり、**結果的にはその企業に対して忖度《そんたく》が生まれてしまいます。**

お金をかけない選挙をすることは、忖度《そんたく》のない政治ができるということです。

結果的に、**国民のための政治ができる**と思っています。

しかし実際は、お金をかけないで選挙に勝つというのは、かなり高いハードルになります。

相当の知恵が必要ですし、お金は武器ですから、残念ながらゼロでは戦うことはできません。

最大限の知恵を使い、手持ちのお金を有効活用することが求められるのです。

また選挙は、お金をかけたからと言って勝率が上がるわけではないところが、難しい部分でもあります。

お金を使えば使うほど、無駄金を使っていると非難され、落選する可能性もあるわけです。

お金で即効性を求めるよりも、使わないでゆっくり攻めた方が、むしろ票が大きく伸びることがあるのです。

実際に摂津市議会議員選挙のときは、５００万円くらいお金をかければ当選するものだと勘違いしていました。

少しでも早く改革を進めたいという焦りもあり、手持ちのお金を使って一日でも早く政治家になり、自分の公約を叶えたいと考えたのです。

摂津市の場合、その当時で７００票を集めることができれば当選できたと思います。摂津市民が10万人弱ですから、１００人に1人くらいなら自分に投票してくれるだろうと、たかをくくっていたわけです。

そのため、ひとりでも多くの人に知ってもらった方が得策と考え、チラシをたくさん作って配布し、選挙事務所も構えて臨みましたが、結果は惨敗でした。

当選ラインの３分の1ほどの票しか集められなかったのです。

この経験から、**選挙にお金をかければ政治家になれるという考えは間違い**だということに気づかされました。

まさに『トライ&エラー』です。

このときのエラーから学んだことは、いまだに生かされています。

振り返ってみると当時は、一日でも早く先に進みたいがために、強引に攻める織田信長的な戦略だったと思います。

これはこれで間違っていたとは思っていません。最初に当選するまでは、直接NHKに足を運び、かなり強引に戦いを仕掛けていました。一般的な戦いでは絶対に勝てないと思ったからです。

そして当選後は、東京都知事選挙に出馬するなど、豊臣秀吉のように知恵を使った戦術的な戦い方に変更していきました。

そして、N国党が国政政党になったいまは、ゆっくりと時間をかけて戦うことにしたわけです。これはまさに、**徳川家康のような『急がず、気長に待つ』戦法**です。

このように、**自分たちの状況に応じた戦い方のステップを踏んでいくことが大切**なのです。

しかも**僕たちは、国から支給される政党交付金だけで、寄附などは一切受け付けていません。**

そもそも政治献金ができること自体、おかしいと思っています。

国から支給される金額の少ない政治団体への寄附でしたら、少しは理解できますが、**僕たちのような政党が寄附をもらうのは、忖度《そんたく》に繋がる危険があるため不要だ**と思っています。


僕には、タレントとしてテレビ出演していたという経歴は一切ありません。

元タレントという肩書きも何もない一般民間人が政党を立ち上げ、党員を当選させるなんてことは、過去にも前例がない衝撃的な出来事だと思います。

しかも、ただのYouTuberでパチプロのおやじですよ。

そんな男が選挙で勝つためには、いくらお金をかけても無理なんです。

もちろんこんな僕にも、寄附を申し出てくれる支援者の方はたくさんいらっしゃいますが、丁重にお断りしています。

それはすべて、『**忖度《そんたく》のない政治**』**をするため**なのです。

「選挙に行かない人が
半分もいることを、
いまの政治家は
恐れるべき」

NO. 27

評論家やテレビの解説者たちは、N国党の議員が当選すると、「国民は政治や選挙に無知だ」とコメントします。この人たちは、日本には投票に行かない人が51%もいて、この層が一番の多数派だということを理解しているのでしょうか。選挙に対して無知な人が多いから、選挙に興味がなくなり、無投票になるわけです。僕は選挙戦略を考える上で、テレビや新聞を好む層、いわゆる自称インテリからの票は完全に切り捨て、選挙に行かない人をターゲットにしているのです。

僕に言わせると、国民全員が選挙や政治に詳しかったら、評論家や政治家はいらなくなります。

しかも、いまの政治家たちは、選挙に行かない人が51％もいることから目を背けているわけです。

いつも通っている昔ながらのカフェが、若年層の新規顧客を求めて全面リニューアルしてしまったときのことを想像してみてください。

常連客だった高年齢層の方たちは離れていってしまうでしょう。

常連客はリニューアルや新規メニューなど求めていないのです。いつまでも変わらない、自分たちにとって居心地の良いカフェでいてくれたらそれでいいのです。

これとまったく同じで、**選挙に行かない人を取り込もうとアプローチすると、逆に今までの有権者から嫌われてしまう**ことになります。

「ＮＨＫの受信料を払わない」と公言すると、受信料を払っている方たちから猛反発にあうわけです。

受信料を払っている方が多数派なのですから、その人たちからの票を失いたくないのであれば、「ＮＨＫの受信料を払わない」というアプローチはできなくなります。

少数派にアプローチをするような斬新なことをしたら、多数派が全力で阻止してく

るんですよね。

僕とYouTubeで共演しただけで、「あんな犯罪者と……。本当にあり得ない」と、党内外から批判されてしまう方がいらっしゃったくらいです（笑）。**ネットの世界では僕は革命家ですが、テレビなどの既存メディアの世界では、犯罪者扱いされていますから**ね。

このように、**選挙に行かない人をターゲットにすることは危険を伴うわけで、いまの政治家はそれを恐れているん**だと思います。

ただ、今後はますます、選挙に行かない人が多数派になっていくはずです。しかも選挙に行かない人は、若い人たちが圧倒的に多いわけです。

僕が思うに、**若い人たちが選挙に行かない理由として、いまの政党が若い人たちから評価されていないという背景がある**のではないでしょうか。

若い人たちが支持する政党が出現し、これまでの不満を発散させるかのように、一斉に投票所へ向かったとしたら、いまとはまったく違う結果になると思っています。

嫌われることを恐れず『ぶっ壊す力』を発揮しよう！

いまは、徳川家康の気分で、心穏やかに待つときだと思っています。時期が来れば、世論が勝手についてくると信じています。

今回このような本を出版する気になったのも、待つ時期に突入したタイミングだからです。これが少し前だったら、本を出すメリットも見つけられなかったでしょうし、本を書く時間も取れなかったと思います。

そもそも、立花孝志の本を出してあげようなんて出版社も現れなかったんじゃないかな。メディア関係からは、危険な男として嫌われていますからね。

徳川家康のような〝待つ〟戦術に変わってからは、以前より人が集まりやすい状況になったのかもしれません。

今回、本書の帯を飾ってくださった堀江貴文さんのミュージカル『クリスマスキャロル』にも出演させていただくなど、焦らなくてもいいという余裕が生まれたからこそ、いろいろなことに挑戦できるようになったのだと思います。

本書には、『人間・立花孝志の生き方』のすべてが詰まっています。

これからお金を稼いで成功者になりたい人、家族や部下など多くの人を守りたい人、リーダーになりたい人の参考になるように、僕の考え方をわかりやすくまとめたつもりです。

人間は無限の可能性を秘めています。

嫌われても生きていける時代が、インターネットの普及によって到来したように、今後ますます時代は変わっていくと思います。

そして変化の過程には、必ず『ぶっ壊す力』が存在するのです。

たとえ少数派でも、自分が正しいと信じられるのであれば、嫌われることを恐れず、既存の考えをぶっ壊すつもりで戦ってください。

きっとすばらしい未来が開かれるはずです。

NHKから国民を守る党 党首　**立花 孝志**

ぶっ壊す力

2020年2月22日　　第1刷発行

著者　　立花 孝志

編集人　　諏訪部 伸一、江川 淳子、野呂 志帆
発行人　　諏訪部 貴伸
発行所　　repicbook（リピックブック）株式会社
〒353-0004　埼玉県志木市本町5-11-8
TEL　048-476-1877
FAX　03-6740-6022
https://repicbook.com
印刷・製本　　株式会社シナノパブリッシングプレス

　ISBN978-4-908154-22-5